Zu diesem Buch

»E. A. Rauter hat ein raffiniertes Buch geschrieben, das die Verführung nach allen Regeln der Sprachkunst desillusioniert. Es liest sich zugleich bedrohlich und komisch lustvoll« (»Wirtschaftswoche«).

Ernst Alexander Rauter, geboren am 27. April 1929 in Klagenfurt, gelernter Schriftsetzer und Buchdrucker, arbeitete dann als Dolmetscher, Büroangestellter, Physiotherapeut, technischer Zeichner, Vertreter, Verkäufer, Stallknecht, Fremdenführer und Reiseleiter. 1965 wurde sein satirisches Bühnenstück »Seit 1446 Tagen die Mauer in Berlin« uraufgeführt. Das Publikum stürmte die Bühne, die Schauspieler wurden vom technischen Leiter durch den eisernen Vorhang geschützt. Er schrieb fortan als freier Schriftsteller Texte für Kabaretts, oft scharfzüngige Artikel, ein »Folter-Lexikon«, weitere Sachbücher, Reportagen, Jugendbücher und den Fernsehfilm »Der schöne Schein der Ware«. E. A. Rauter lebt in Neuried/Bayern.

E. A. RAUTER

DIE KUNSTVOLLE ARBEIT DER VERFÜHRUNG

ROMAN

rororo

ROWOHLT

Veröffentlicht im Rowohlt Taschenbuch Verlag GmbH,
Reinbek bei Hamburg, November 1987

Umschlaggestaltung Fred Münzmeier
Gesamtherstellung Clausen & Bosse, Leck
Printed in Germany
780-ISBN 3 499 12147 6

Er schaut die Menschen unverwandt an, so daß kaum einer seinem Blick standzuhalten vermag. Er achtet darauf, daß der Blick keinen feindseligen Charakter bekommt, das würde die Autorität vermindern, womöglich zum Widerstand herausfordern, zum Stehenbleiben aus Trotz. Er läßt nur kühle Neugierde aus dem Kopf. Seine Augen sollen die Umgebung des Hauses unwirtlich machen.

Er hätte sich mit diesen in flachen Bögen an seiner Grundstücksgrenze entlanghüpfenden Fremden leichter abgefunden, wenn sie sich nicht noch auf andere Weise einiges gegen ihn herausgenommen hätten. Nicht selten blieben sie stehen und schauten auf sein Haus herunter – jedenfalls solange sie ihn nicht sehen konnten –, als überlegten sie sich, seinen Grund zu überqueren, um ans Meer zu gelangen. Es fehlte an einem Zaun oder einer Mauer.

Wenn er sie beobachtete, wie sie oben an der Straße vorübergingen, auch marschierten, und hinter einer seiner Pinien und hinter einem Palmitobusch verschwanden und auftauchten, dachte er, wie sich Menschen bewegen, das ist doch eher altmodisch und lächerlich. Können sie nicht endlich anständig schweben? Wenigstens ein bißchen besser gehen lernen.

Die Fremden aus Deutschland bewegten sich beharrlich zum Meer. Hin und zurück. Als suchten sie etwas in einer falschen Richtung, wie Wespen an einer Glasscheibe. Die verbrannten Gesichter bewegten sich auf allen vier Seiten des Hauses an ihm vorbei, teils auf dem Grundstück, teils auf der Straße oben, auch unterhalb der Terrasse, am Wasser, wo der Fels der spanischen Kriegsmarine gehörte. Sie unterhielten sich nicht selten in einer Lautstärke, die ihm unpassend schien. Ihre Unbefangenheit auf seinem Boden und unter der Terrasse verdroß ihn.

Manchmal weckten ihn Stimmen und holten ihn vor der Zeit aus dem Bett. Erwachte er, prüfte sein erster Blick die Helligkeit des Vorhangs am Fenster. Das Licht, das durch die Läden hereindrang, zeigte ihm, mit welcher Häufigkeit die Fremden während des neuen Tages erscheinen würden. Je dunkler die orangefarbenen und grünen Streifen, um so schlimmer für ihn. Die Sonne hielt sie auf ihren Hotelterrassen und den beiden Stränden fest, brannte sie in den Sand. Wann immer die Sonne schien, legten sie sich hin. Mit geschlossenen Augen schauten sie angestrengt in den Himmel; reglos wie Eidechsen lauschten sie mit einem Ohr ins Erdinnere. Regenschauer – zu dieser Jahreszeit nicht ungewöhnlich – brachten so etwas wie Glück: Sie trieben die hellen Hosen in Bars zusammen. Der Regen wusch ihm die fremden Stimmen aus dem Meeresrauschen. Der Regen lackierte die Pinien und erweckte die Zisterne unter der Küche zu einem Geschwätzigkeitsanfall.

Manche Sätze, die zu seiner Terrasse heraufstiegen, ekelten ihn. Er verkrampfte sich, wenn er Sätze hörte wie: »Sie hat jetzt die beiden Enkelkinder. Die Kinder sind schon alle versorgt.« Es klang kölnisch, »all versorcht«.

Wenn ihm das Wort »versorgt« einfiel, dachte er, man müßte die Darmwinde der Uferspaziergänger sichtbar machen können. Der Anblick ihrer entspannten Kolonisatorengesichter und der hinter ihnen aufsteigenden schwärzlich-schwefelgelben Rauchschwänze könnte ihn mit der Welt versöhnen. »Original Deutschland Filterkaffee«, »Streuselkuchen«, »Jeden Sonntag Sauerbraten mit Salzkartoffeln und Apfelmus ab 12.00 Uhr mittags«. Er meinte, er höre es am Nachmittag in ihren Leibern glucksen, wenn die zerkauten Ringe von Tintenfischen in einer Brühe aus Weißwein und Tomatensalat gegen die Wände ihres Magens schwappten.

Er kämpft an allen vier Fronten. Er möchte verhindern, daß einer stehenbleibt. Er möchte mit den Menschen nichts zu tun haben. Es kommt vor, daß eine Dame reiferen Alters zu ihm heraufwinkt. Er schaut dann verstört, am liebsten möchte er sich umdrehen, um nachzusehen, ob ein anderer gemeint sei. Mit Mühe gelingt es ihm, den Gruß zu erwidern. Erwidern möchte er, er will nicht verletzen, auch wenn er entsetzt ist über die plötzliche Nähe, in die ein Mensch sich zu ihm durch Winken gebracht hat.

Die Stimmen der Menschen ziehen ihn aus dem Haus. Er kann nichts dagegen tun. In gewisser Weise führt er das Leben eines Hundes. Er ist fortwährend in Bewegung. Wo eine Stimme einen Menschen ankündigt, eilt er hin, auf die Terrasse, ans Küchenfenster, vors Haus. Er stellt sich hin, wie zufällig aufgetaucht. Er macht seinen Anblick produktiv.

Die Haltung der Menschen ändert sich, sobald sie seiner ansichtig werden. Sie hören auf zu sprechen und nehmen das Gespräch in größerer Entfernung wieder auf. Diejenigen, die stehengeblieben sind, um die Umgebung zu betrachten oder um Luft zu holen – vom Umhersteigen auf den Uferfelsen angestrengt –, setzen ihren Weg fort. Die meisten beschleunigen ihre Schritte. Eine Frau hebt den Fuß einer seiner Treppenstufen entgegen – sie will ihren Weg vereinfachen –, sie schaut sich um, während ihr Fuß sich hebt, sieht ihn, der Fuß sinkt zurück.

Falls sie versäumen, zu ihm heraufzublicken, und sein Bild die Wirkung nicht ausüben kann, bewegt er sich oder geht einige Meter voran wie zu einem Ziel. Oder er verrückt einen Gartenstuhl, daß dessen Beine auf den Tonfliesen der Terrasse schreien. Er löst durch sein Hinsehen Erziehung, wie den Respekt vor privatem Grund und Boden, er treibt die Leute mit ihrer Kinderstube hinweg. Es tut ihm wohl, daß er ein Werkzeug hat, das so gut funktioniert. Es ist die Arbeit eines Sisyphos, immer wieder treten Spaziergänger auf, es sei denn, sie werden durch die Essenszeiten niedergehalten oder durch Sonnenstrahlen.

Manchmal eilt er vergeblich, durch Sichzeigen jemanden abzuwehren, andrängendes Meerwasser in den Auskolkungen unter dem Küstengestein vor der Terrasse hat ihn getäuscht. Gehört ein wiederholtes Summen zu einem entfernten Menschen oder zu einer nahen Fliege? Ist es immer eine Möwe, was da schreit? Es gelingt ihm nur selten, die Zubereitung des Tees ohne Unterbrechung durchzuhalten. Manchmal hört er Stimmen und findet keine Menschen dazu, auf keiner Hausseite; ein- oder zweimal entdeckt er draußen ein Boot, das ihm hinter Pinien verborgen geblieben war. Die plötzliche Bewegung einer Blüte oder eines Zweiges in der äußersten Ecke seines Sichtfeldes löst den Impuls aus hinauszuspringen.

Neben scinem Haus liegt eine Bucht, zehn Meter breit, Kiesstrand. Sie gehört zum Grundstück, wenn auch der Kiesstreifen öffentlich ist, unter der Oberhoheit der Kriegsmarine. Es ist der einzige Strand in einem Kilometer Felsufer, eine teuflische Attraktion, eine Magnetanomalie des Hauses, eine Ausbauchung von dessen Wohnlichkeit, in die Außenstehende unversehens hineingeraten. Ihm ist, als ließe sich der Fremde, der sich dort hinsetzt, in seiner Küche nieder. Durch stetiges Aufundabgehen und durch häufiges naturwissenschaftliches Hinuntersehen versucht er, dem Eindringling die Idylle zu zerbrechen.

Er beobachtet ein Ehepaar, 40/45. Die Frau bleibt oberhalb der Einbuchtung stehen, wirft einen Blick zur Sonne hinauf – die seit Tagen ununterbrochenen Regens zum ersten Mal durch die Wolken kommt –, schaut hinunter auf das, was sie für einen beliebigen Strand hält, und lächelt ihrem Mann zu, mit einem unschuldigen Liebreiz, den er einige Tage nicht vergessen wird. Sie atmet tief ein vor Lebensfreude. Das läßt Messer in ihm ausfahren. Ohne ihn zu bemerken, gehen sie ihren Weg weiter. Er verfolgt sie mit den Augen, bis er merkt, daß seine Pupillen unter die Lider geraten wollen.

Vier Männer kamen auf ihn zu, von der Straße herunter, quer über sein Land. Er dachte: wie eine Reihe Mähdrescher. Er beobachtete sie vom großen Schiebefenster der Sala. Er war überzeugt, daß sie ihn gesehen hatten. Sie wälzten sich herunter, wegen der Pflanzen, über die sie hinwegstiegen, mit hochgehenden Beinen. Er schob das große Glas zwischen ihm und ihnen beiseite, es rumpelte. Sie standen sich in einer Entfernung von zwanzig Metern gegenüber. Die vier konnten ihm nicht mehr vormachen, sie glaubten, hier wohne niemand. Aus Verlegenheit wechselten sie einige Sätze über die Frage, ob das Gestrüpp, in dem ihre Beine steckten, ein Weg sei. Sie kehrten um, zur Straße hinauf, und schlenkerten ihre Jacken über die Schulter. Er fühlte sich stark. Ich habe sie mit meinem Blick gestoppt, den Hang zurückgeschoben. So verging der Tag.

Einmal tat seine Erscheinung nicht, was er von ihr erwartete. Zwei Männer, nicht über fünfundzwanzig, lagen auf dem Grundstück, sonnten sich weniger als zehn Meter von einem seiner Fenster entfernt. Er hatte sie nicht kommen hören. Wenn die Leute schwiegen, während sie sich hinlagerten, war er schutzlos. Es schien ihm die Kraft zu fehlen, sich wie gewohnt zu bewegen, während er zur Haustür rannte. Sie lagen auf der weichen, viele Jahre alten Piniennadeldecke, in Badehose, roter Haut. Ihre Glieder hatten nichts Weiches, erschienen ihm mager, sehnig, hart, brutal. Er betrachtete die Kakteen vor dem Haus, stellte sich in die Sala ans Fenster, von wo er ihnen direkt ins Gesicht sehen konnte. Sie verweigerten sich. Ihr Nichtherüberschauen war eine Lüge. Solange er sie nicht mit einem Blickkontakt erwischte, konnten sie sein Land genießen. Unterhalb seiner Bitterkeit war er ihnen dankbar – bat er um Gnade –, daß sie mit ihm nicht bis zum Äußersten gingen: ihn offen anzublicken – wie er sie – und dabei liegenzubleiben.

Seltsame Witze fielen ihm ein. Als ein Touristenboot mit Glasboden – Glass Bottom Boat – nicht weit von seinem Haus vorbeifuhr, bewegte sich der Arm eines Passagiers in die Richtung »seiner« Bucht. Er rief vor sich hin: »Der hat seinen Arm nicht in die Bucht zu strecken!« An eine Pinie gelehnt, küßte sich ein Pärchen. »Auf diesem Grund gehören alle Küsse mir!«

Eine kleine Spinne, kurze Beine, dicker Hinterleib, hatte sich in einer Ecke des Fensterrahmens in der Küche eingerichtet. Sie saß in ihrem selbstgesponnenen Hängebeutel an der Unterseite der oberen Querleiste. Während er sich vergewisserte, daß die Menschen vor seinem Grundstück nicht stehenblieben, erkannte er, daß drei Fruchtfliegen in Spinnennähe über die Glasscheibe zuckten. Welch ein blödsinniges Leben! Ihre Existenz beschränkte sich darauf, »Russisch Roulett« zu spielen. Mit ihren fahrigen Zügen riskierten sie, an die Hängematte zu geraten. Sie bewegten sich unaufhörlich in der näheren Umgebung der Spinne, als sprängen sie für die statistischen Wahrscheinlichkeitsberechnungen eines Universitätsinstitutes. Die Spinne hockte wie eine Attrappe aus Kunststoff. Sie rührte sich auch dann nicht, wenn eine Fruchtfliege bis auf einen Zentimeter an ihre Lebenstasche heranhüpfte. Er hätte gerne jemanden gesprochen, der ihm erklären konnte, wie so ein Organismus funktioniert, daß er sich durch Bewegungslosigkeit nicht selbst umbringt.

Er blieb längere Zeit vorm Küchenfenster stehen und verfolgte, wie die kleinen Fliegen mit sich würfelten. Er hoffte, ihren letzten Fehler zu erleben. Die Spinne rührte sich nicht, die Fliegen mußten sich selbst an sie verfüttern. Er wartete, der Treffer wollte sich nicht einstellen, die statistischen Gesetze verlangten mehr Geduld von ihm, als er aufbringen mochte. Am anderen Tag war die Scheibe frei, auf der unteren Leiste lagen Klümpchen, nicht größer als Samenkörner vom Mohn, wenn auch nicht so rund und glatt, in denen er die von der Spinne leergesogenen Hüllen der Fliegen vermuten mußte. Einen Tag später lag die Spinne zwischen den Punkten auf dem Rücken, einem Oldtimer nicht unähnlich. Das war kein dauernder Grund zum Jubel für nachkommende Hüpfsegler: Bevor sie der Schwerkraft hatte nachgeben müssen, hatte die Spinne einen neuen grauweißen Beutel an das Rahmenholz gewebt, drinnen wuchs ein Fleck heran.

Ab fünf Uhr nachmittags kann er von der Terrasse seinen Schatten über den Kies halten, wenn es dessen bedürfte. Ab fünf zieht das Dorf die über die umliegenden Pinienwälder und Strände verstreuten Menschen wieder an sich. Kurz nach sechs setzen die dumpfen Dieselschläge der Heckfänger ein, riesige Laute, sie brechen plötzlich hinter dem Kap hervor, kehren nach siebzehn Stunden zurück. Es erinnert ihn in seiner täglichen Regelmäßigkeit an Kirchenglocken, die den Feierabend einläuten. Es ist ein Feierabendgefühl, das er empfindet. Jetzt, in seiner Freizeit, strömt die schöne Landschaft den Gegenwert seiner Mietzahlung in ihn ein. Er wird erst ab morgen vormittag wieder mit den Menschen arbeiten.

Reste goldgrün leuchtenden, stark vermoosten Alpenrasens liegen vor den Uferfelsen auf der grünblauen Folie. Träge verändern die Moosmatten Form und Größe. Auf dem Platz vor der Terrasse stehen die kurzen, dicken blaurosafarbenen Pinsel der Aloeblüten. Ein Lufthauch schiebt das Linienreihenmuster eines Geldscheins über die Folie. Die Farbe des Himmels ist kaum zu unterscheiden von der des Meeres, in der Luft schweben Fischerboote.

Es gab keine Garantie für einen freien Abend. Er glaubte erst an eine Sinnestäuschung, als sich unter ihm der Kalkstein zu bewegen schien. Wenn der Untergrund nicht so hart gewesen wäre, hätte er glauben können, jemand grabe ein Loch in die Erde. Er war sich nicht sicher, welchen Körperteil er sah. Der sich nicht von der Stelle rührende Unternehmungsgeist sagte ihm, daß da unten, in der Höhlung, zwei Menschen sich intensiv miteinander befaßten. Der Schluckzwang machte ihm bewußt, wie stark ihn das traf. Er malte sich aus, wie es wäre, wenn er einige seiner leeren Weinflaschen zwischen den Felsgraten zersplittern ließe; er würde sich dumm stellen, er hätte nichts gesehen, nichts gehört, man müßte auf einen Abartigen schließen, der sich in solcher Art Erregung verschafft. Es war noch sein Felsen, wo die weiße Rundung sich mühte, nicht einmal die Kriegsmarine hatte darauf ein Recht, jedenfalls nicht in Friedenszeiten. Noch nie war er so nahe daran, aufzugeben und ein anderes Haus zu nehmen. Stärker als die Aufregungen der Wut schwächte ihn diese Aufregung. Er haßte das Wesen, das er dort als Mann vermutete. Er war nicht weit von der Überzeugung, er habe mehr Rechte auf die Unbekannte als jener andere.

Er hat ihre Gesichter nicht gesehen. Sie trug eine weiße Hose, die Form ihres Körpers ließ ihm das Unrecht noch größer erscheinen. Sie trug schwarzbraunes schulterlanges Haar.

Das Leben in seinem Domizil auf Zeit – er hatte das Haus für sechs Wochen gemietet – wurde dadurch komplizierter, daß er Menschen nicht nur abstoßen , daß er Menschen auch festhalten wollte.
Wenn er aus dem Haus rennt, trägt er zwei verschiedene Sorgen ins Freie. Er fürchtet nicht nur um die Unversehrtheit seines Reviers, er fürchtet auch, zu spät zu kommen zu einer Liebesgeschichte, die der Zufall für ihn aufgebaut hat.

Es gibt fast nur Paare, um so kostbarer die Ausnahmen. Sie gebieten, daß er jeden Menschen wahrnehme, den, der sich durch Sprechen bemerkbar macht, vor allem den, der schweigt. Die Frauen, die mit einem Partner auftreten und ihm gefallen, sind zwar immer eine Provokation, aber die Aussichtslosigkeit, während ihres kurzen Vorübergehens eine längere Beziehung zu ihnen einzuleiten, ist groß genug, ihn von der Last an Hoffnungen freizuhalten und von dem qualvollen Argwohn, er könne durch mangelnde Einbildungskraft und Feigheit selbst die Ursache dafür sein, daß aus einem Blick nichts entsteht.

Jede Frau, die das Haus allein passiert, ist entweder eine Aufgabe, die er löst, oder ein Beweis gegen ihn, wenn es ihm nicht gelingt, während dieser Minute Leidenschaft zu ihm auszulösen, vorausgesetzt, er hat etwas an ihr gesehen, das ihm hilft, sie zu begehren. Obwohl ihm bewußt ist, daß die Menschen im allgemeinen nicht so erzogen werden, die weiblichen noch weniger, jemandem, den sie nie vorher gesehen haben, innerhalb eines Zeitraums von einer Minute sexuelle Wünsche entgegenzuentwickeln und anzutragen, obwohl er weiß, daß es den Frauen nicht leichtfällt, ihm ein Zeichen zu geben – zumal sie von der Begegnung überrumpelt werden –, unterzieht er sich immer wieder diesem Test.

An einem Abend – die Pinien duften in der Kühle auf einmal so heftig, als wäre ihr Geruch eine Stimme – geht er hinaus auf die Terrasse. Er geht anders, als er während des Tages hundert und mehr Male hinausgegangen ist. Als Vergleich für den Unterschied fallen ihm die Erfahrungen ein, die er beim Essen von Brassen und anderen Fischen gemacht hat: Die Bauchgräten hindern ihn, den Mund mit Fisch vollzupacken und sich mit den Geschmacksnerven ganz um das Fischfleisch herumzulegen; das ist anders bei der oberen Körperhälfte, dem Rücken, da braucht man bei einer Brasse, einer Renke oder einer Forelle, zum Beispiel, nicht damit zu rechnen, daß man durch eine Gräte gestört wird, während man sich hingebend öffnet. Mit dieser Art Empfänglichkeit nimmt er die Terrasse unter die Füße, Pinien und Meer in die Augen, zieht die Gerüche ein, die der Abend aus Land und Meer bereithält. Vor Überanstrengung bei den Verrichtungen an den Fremden hat er die Fremden vergessen; sie zu vergessen ist sein Feierabend.

Erst sieht er in der Vordämmerung die weiße Hose unterhalb seiner Terrasse. Darüber eine weite, dünne blaue Bluse, vielleicht aus Seide, das ist von hier oben nicht zu erkennen. Schwarzbraunes Haar, schulterlang. Sie trägt den Kopf geneigt, das gefällt ihm. Sie achtet genau darauf, wo sie ihren Fuß hinsetzt, sie meidet Risiken. Ihr Haar fällt nach vorn. Er setzt die Makellosigkeit der weißen Leinwand unwillkürlich gleich mit entsprechender Makellosigkeit ihrer Haut. Ihre Hüften kommen den Linien sehr nahe, die er für gut hält, es ist der richtige Code, er schließt Begierde in ihm auf.

Er machte sich harte Vorwürfe, daß er nicht besser aufgepaßt hat. Es war zu spät, etwas zu tun, er sah die Fremde bereits von hinten. Die Terrasse bot nicht genügend Spielraum, um sie jetzt noch zu überholen. Akustische Unternehmungen, die sie hätten veranlassen können, sich umzudrehen, hielt er für falsch. Er versprach sich nichts davon, hinter ihr herzulaufen. Über sich enttäuscht, schaute er ihr nach und spürte Schwierigkeiten beim Atmen.

Die Erscheinung wiederholte sich zwei Tage später um dieselbe Zeit. Wieder entdeckte er sie zu spät. Ein drittes Mal wird sie so nicht davonkommen! sprach er in die Brandung, laut genug, daß sie ihn hätte hören können. Er fragte sich, wie ihr Gesicht aussehen mochte. Er experimentierte mit verschiedenen Vorstellungen. Der Versuch, auf diesen Körper ein zerfurchtes oder entstelltes Gesicht zu setzen, kam ihm vor wie ekelhafter Unfug. Er wußte vom Leben, daß es solche Dinge tat. Er beeilte sich nervös, sich zu versichern, daß er auch ein häßliches Gesicht akzeptieren würde, als spräche er ein Gelöbnis, mit dem er sich den Genuß jenes Körpers erkaufen könne.

Sie kam ein drittes Mal. Er lief ihr fast in die Arme. Er verließ das Haus durch die vordere Tür mit einer bunten Einkaufstasche. Sie stand vor ihm, einen Arm an einen Baum gestützt, und überlegte sich den nächsten Schritt. Sie war älter, als er erwartet hatte, die Zähne waren ihm etwas zu lang, die Lippen zu dünn, der Mund zu klein, die Brauen zu buschig. Diese Einbrüche ihrer Anziehungskraft nahmen ihm auf der Stelle jede Befangenheit. Er bekam weniger Vergnügen in Aussicht gestellt, dafür kostete es weniger an Angst vor einer möglichen Demütigung; das Abenteuer war so gemütlicher. Er verachtete sich für diese Regung. Er begleitete sie ins Dorf. Ruhig begann er mit der kunstvollen Arbeit der Verführung.

Es war dann eine andere Frau, die er in seinem Bett wiederfand. Die Vollkommenheiten verwandelten sich durch den Kontakt mit ihrem nackten Körper in lauter Ärgernisse. Die Festigkeit der Schenkel und des Gesäßes erwies sich als vorgetäuscht durch die kräftige weiße Leinwand ihrer Jeans. Ihr Körper deformierte sich beim Liegen ins Flachere. Ihre Brüste hingen wie ausgeschlürfte Hauttaschen. Ihr Schließmuskel war unordentlich gefältelt. Je besser die Kunst vorgetäuschter Makellosigkeit, um so erschreckender werden die kleinen Webfehler der Natur. Erst die Makellosigkeit produziert die Fehler, in dauernder Nacktheit erlebt man sie nicht. Selten konnte er mit einem Körper ganz einverstanden sein! Welcher Unrat funktionsloser Haare, Leberflecke, Warzen, Blutschwämme und »Hottentottenschürzen« genannte hängende Schamlippen mochten unter frisch gewaschener Baumwolle als Depots von Lähmungsgiften ihrer Freisetzung entgegendämmern.

Er war entschlossen, sich in sein anderes Bild von ihr hineinzusteigern, um die davoneilende Begierde einzuholen, wie er es so oft getan, nicht zuletzt, um ihr seine Enttäuschung zu ersparen. Alles, was er unternahm, ihr zu Gefallen zu sein, wehrte sie ab. Sie zappelte wie ein elektrisierter Frosch, die Erschütterungen pflanzten sich in Wellen in ihrem welken Fleisch fort. Versuche der Zärtlichkeit erwiderte sie mit Bissen. Ihr Körper sagte etwas, sprach und sprach, er verstand nichts. Es gibt noch immer jene Einstellung bei Frauen, die nur das Eindringen und sonst nichts für schicklich halten, körperliche Liebe als Unreinheit behandeln, die die Geschlechtsteile untereinander ausmachen sollen, unter Ausschluß anderer Körperteile, ohne welche Zärtlichkeit nicht aufkommt. Vielleicht sagte ihm ihr bebender, zuckender und sich windender Leib – vielleicht schrie er in einer ihm unhörbaren Frequenz, er solle sein Glied in sie einführen, alles andere, bitte, bleibenlassen. Er wußte es nicht, sie sagte nichts. Sie kämpften miteinander und schwiegen. Glaubte sie, durch diese bizarre Form der Hingabe von ihrem mürben Gewebe abzulenken? Ihn störte und verwirrte sie damit bis zur Entmutigung. Ihn enttäuschte, daß sie sich in ihrem Alter wie ein Kind gab, daß ihr Kopf nicht mit ihrer Haut gereift war.

Sie hatte ihn schon provoziert, als sie noch vor dem Kaminfeuer gesessen und Rotwein getrunken hatten. Sie engte das Gespräch ein durch Behauptungssätze. Allmählich entdeckte er das Schema ihrer Beiträge. Sie suchte sich eine Aussage, von der sie glaubte, er werde ihr widersprechen. Sie schien unfähig, ein Gespräch anders zu führen als in der Form und im Tonfall des Zanks. Sie schien ihre blinde Konfrontationsautomatik für ein Zeichen fortschrittlicher Skepsis und starker Persönlichkeit zu halten. Sie kamen auf Erziehung zu sprechen, ein Thema, das nie sehr weit von seinen Gedanken lag. Sie sagte: Pädagogik hat doch bis heute nichts Konkretes gebracht, die ganze Pädagogik ist doch Quatsch. Ihm mißfiel dieses grobschlächtige Herumsteigen in dem diffizilen Themengelände. Er verabscheute solche Sätze bis zur Bereitschaft, auf ihren Körper zu verzichten. Sie verwendete gerne Worte wie »das bringt nichts« oder »darauf kann ich gar nicht abfahren«. Ihn ermüdeten diese Wendungen in einem Maß, daß er sich erhob und ihr anbot, sie in ihre Unterkunft zu begleiten. Wer so redet, sagte er sich, den hat man nicht zu ficken.

Seinen Verzicht auf ihre Vagina weist sie von sich. Nie wird sie zulassen, daß ihr verläßlichstes Mittel, jemanden für sich zu interessieren, abgewertet wird. Wenn das Versprechen nicht mehr wirken sollte, das immer gewirkt hat, ohne eigenes Verdienst, ist sie am Ende. Sie küßt ihn. Sie läßt ihn nicht aus seinem Haus.

Jetzt, im Bett, bereut er, daß er sich eingelassen hat auf ihre erotische Hebelbetätigerei, auf ihre Lügenküsse. Die gnädige alternde Minderjährige besteigen – er kann es nicht. Sie möchte seinen Schwanz ohne ihn: Da werden seine Schwellkörper unerbittlich keusch.
Der Kopf ist eine Sau, der Schwanz ein Engel.

Es gibt noch etwas, was er für sich einen Zwischenfall nennt. Seine Finger geraten zwischen ihren Schamlippen an ein Stückchen Schnur. Das Entsetzen darüber trennt

ihn noch weiter von ihr. Welche Mißachtung des eigenen Körpers und welch ein Mangel an Sorgfalt müssen der Tatsache vorausgegangen sein, daß Müll in ihr zurückbleiben konnte! Diese Wurstzipfelschnur an jener Stelle erinnert ihn an den Satz eines Philosophen: Es gibt keinen Schmutz, es gibt Substanzen an falschen Orten.
Von Zeit zu Zeit schickt sie Zappelwellen durch ihr Fleisch. Er möchte sein Bett am liebsten für immer wegwerfen.

Am Morgen, nachdem sie gegangen ist, nehmen seine Bewegungen etwas Preziöses an. Er schließt die Türen der Zimmer, ohne die Hand auf der Klinke nachschleifen zu lassen, er hebt die Handfläche sauber ab. Er trocknet und poliert die Teetasse mit Innigkeit und stellt sie auf die Untertasse, ohne daß es klirrt. Er gießt den Tee ein, nimmt mit einem Tuch den Tropfen auf, der von der Tülle an der Kanne hinabrinnen möchte. Es lächelt unwiderstehlich aus ihm heraus vor Genugtuung. Das Haus ist wieder rein. Er empfindet seinen Lächelzwang als blöde. Aber es ist die Blödheit des Siegers.

Er gewöhnt sich an, nachmittags zu schlafen. Ihm scheint, er werde nur deshalb müde, weil die Bewohner ihre Arbeit wieder aufnehmen. Er trennt sich von ihnen, da sie sich anschicken, die Welt nach der Siesta in Unruhe zu versetzen, mit dem Herstellen von Dingen, die man nicht leicht verkauft. Das Schlafbedürfnis lenkt ihn vom Grübeln ab, er erfährt die Müdigkeit als Verwahrlosung. Grübeln ist ein gutes Wort, es bedeutet, keine Grube zu graben, nicht zu denken. Er ist vorsichtig mit sich, wirft in seinem Kopf nicht alles durcheinander, vielleicht trifft er auf einen Einfall, der ihn weiterbringt. Er möchte immer dasitzen und vor sich hin denken, sonst nichts. Es ist ein Bedürfnis, das sich fortwährend von selbst einstellt, von seinem Willen unabhängig, und ebenso fleißig wie die Zungenspitze, die einen zwischen Zähnen festgeklemmten Speiserest hinausarbeitet. Das Ganze hat nichts Dramatisches, es ist von unerhörter Gewöhnlichkeit. Er sucht nach etwas, wofür er das Leben benutzen kann, er ist aber nicht enttäuscht, daß er bisher nichts gefunden hat.

Betritt er eine Bar, geht es ihm ähnlich seit einiger Zeit. Er steht vor der bunten Zahl von Flaschen und – der jahrelang alles getrunken hat – findet kein Getränk, das ihn reizt. Er hat jetzt mit Klaus vereinbart, daß dieser ihm ein Getränk hinstellt, jeden Tag etwas anderes, er hat alles zu akzeptieren. Die ausgedehnten Gespräche darüber, die Erörterung von Qualität, Unterschied und Geschmack ersetzen ihm das Trinkvergnügen.

Die Art und Weise, mit der Klaus seine Wünsche aus ihm herauszuholen versucht, hat etwas von dem Vorgehen eines Arztes seinen Patienten gegenüber. Klaus trinkt nicht, das ist der größte Hochmut. Die Hingabe, mit der Klaus die Gäste bedient, stört ihn, wie ihn die Höflichkeit eines Chirurgen stört, der den Klienten den herausoperierten Blasenstein mitgibt, eingewickelt in Watte. Klaus nimmt ihn und die anderen Kunden ernst als Kranke: Der Wirt verneigt sich vor ihrem Laster, beleidigt sie. Die Prozentevertreiber, die ihre Kundschaft als Saufkumpane und Selbstmörder beschimpfen, gefallen ihm besser.

Damit sich seine Aufmerksamkeit nicht trübe und die Zeit nicht schlecht genutzt vergehe, zieht er sich ins Bett zurück. Er fühlt sich eins mit dem Leben, faßt wieder Tritt, das Leben hat kurzfristig Inhalt, wenn ihm die Augenlider entgegenkommen. Er weiß, wenn er aufwacht, wird ihm die Sonne von links vorne ins Gesicht scheinen. Dann wird es fünf Uhr sein, »Sommerzeit«, Zeit der Energiewirtschaftler, der Unternehmer, Kunstzeit. Er wünscht sich die Zeitungsnachricht, daß eine internationale Ärztekommission entdeckt habe, »die Umstellung des Lebensrhythmus verursacht gesundheitliche Störungen mit unabsehbaren Folgen«.

Wenn die Beweger der Uhrzeiger ihre Privatflugzeuge, Autos, Villen, Stromrechnungen und die Zahl ihrer sogenannten Dienstreisen verkleinerten, fiele es ihm leichter, eine Stunde früher zum Mittagessen zu gehen. Solange er hier wohnt, werden die Zeiger dieses Hauses jedenfalls nicht gezwungen, kosmisch zu lügen.

Vor dem Einschlafen beschäftigt ihn das Problem, wie er nach dem Schlaf die Augen öffnen werde. Wenn sich die Lider unwillkürlich heben, während er erwacht, ist alles in Ordnung. Erkennt er plötzlich, daß er hinter verschlossenen Augen erwacht ist, hat er Schwierigkeiten. Was mag sich in der Umgebung des bewußtlos ruhenden Körpers verändert haben? Nichts und niemand wird ihn für die Dauer seiner Lebenszeit davor schützen können, daß irgendwann einmal eine dunkle Spinne oder ein Tausendfüßler (»Handfeger«) auf der Bettdecke vor seinem Gesicht nach einem Einschlafen die erste visuelle Wahrnehmung sein wird, es sei denn die milden Gase gewisser Insektenvernichtungsmittel. Wie mild diese Gase auch immer sein mögen, eine Wohltat sind sie für seine Atmungsorgane gewiß nicht, weshalb sich ihre Verwendung für ihn verbietet. Es reicht nicht aus, Türen und Fenster zu schließen. Das verhindert das Schlimmste, reicht aber nicht. Letzte Sicherheit ist nicht herstellbar. Hängte man ihm eine Fleischwurst ans Fußende, während er schläft, oder veränderte die Anordnung der Bilder im Zimmer – seine Herzkammer finge an zu flimmern.

Der Himmel ist trübe, auf der Fensterscheibe wartet eine Vorführung auf ihn. Er bemerkt sie nicht gleich. Nach dem Erwachen wird er unglücklich in einem starken Schub, sackt in einen tiefen Trichter. Ihm ist wie jemandem, der eine schöne Frau in sich verliebt gemacht hat und entdeckt, daß er sie durch einen Fehler vor dem ersten Beischlaf verliert. Er weiß sich den inneren Unterdruck nicht zu erklären, wahrscheinlich ist es ein Sog, der ihn aus dem Bett ziehen soll zu einem Sinn. Er hat keinen Grund aufzustehen. Tageslicht ist kein Grund.

Erst nachdem er sich einverstanden gemacht hat, liegenzubleiben – das Ertragen von Sinnlosigkeit verlangt mehr moralische Kraft als der Rausch von Sinn –, erst dann läßt das Ziehen nach, er nimmt wahr, daß eine Fensterscheibe hergerichtet ist, ihm ein Spektakel zu bieten. Es handelt sich um drei Akteure, eine Ameise und eine Fruchtfliege und eine Möwe, alle drei etwa gleich groß, wenn auch die Möwe blasser in den Farben und verschwommener in den Konturen. Die Fruchtfliege ist das Unergiebigste und das Ärgerlichste. Sie zuckt hin und her, ohne daß er darin einen Sinn erkennen könnte. Ihre Bewegungen rufen in ihm jene Fleischwellen ins Gedächtnis zurück, die die Frau mit der weißen Hose und der blauen Bluse gegen seine Schwellkörper über ihr Skelett jagte.

Die Möwe, ein flacher Doppelbogen, zieht lange Striche quer über das weißgraue Viereck, von links nach rechts, von rechts nach links. Sie macht ihm Freude, von den drei Entwürfen des Hungers führt sie ihm den elegantesten vor.

Die Ameise hat ein ganz anderes Kaliber, ihr Weg nichts von der Leichtigkeit der Möwenbahn. Sie schreibt eine Schlangenlinie über die Glasmitte, mit engen Kehren, von oben nach unten, von links nach rechts, nach einer Geraden von ungefähr drei Zentimetern geht sie in die Kurve. Die Figur der Kehren ähnelt ihrer Körperform: breite, runde Kuppen, eingeschnürte Gerade. Sie geht in die

Kurve wie ein Straßenbahnwagen, ohne sich in die Biegung zu krümmen. Sie beschreibt die ganze Breite der Scheibe mit gleichbleibendem Tempo, während die Möwe ihre Linien über das Ameisen-Mäander legt.

Die Ameise »sucht« nicht, sie deckt ein Gebiet ab. Sie strickt an einer Garantie. Ihre Erfolge sind unvermeidlich. Wie sich manche Menschen Erfolge ersitzen – sie erläuft sie sich. Nach einer Mindestzahl gelaufener Meter fällt das Sattwerden heraus. Sie und ihre Artgenossen tasten jeden Zentimeter der Hunderte von Quadratmetern Oberfläche dieses Hauses ab, unaufhörlich, Kanten, Rundungen, Winkel. Sie überziehen das Haus und die Einrichtung mit einer Haut aus Aufmerksamkeit, der nichts entkommt. Mit einem Netz an Erkenntnissen.

Er sperrt seine Speisereste in den Kühlschrank und das abzuwaschende Geschirr, wenn er nicht gleich nach dem Essen zur Mülltonne geht. Es dauert keine Stunde, und ein gestürzter Falter ist besetzt mit drängelnden schwarzen Stäbchen, sternförmig angeordnet, die sich – er sieht es unter der Lupe – eine Portion herauszwicken. Die Lupe fügt den Ameisenköpfen geknickte Drähtchen hinzu, die reichen sie sich, wenn sie sich begegnen, man sieht sie unter dem Glas damit sprechen.

Da war der Kakerlak, die cucaracha. Das Tier hatte den Fehler gemacht, den ein Panzerfahrzeug nicht machen darf, es war zu weit an der marmornen Fußleiste hochgefahren, umgekippt, auf den Rücken gefallen. Eine Ameise, ein Relais im Erkenntnisnetz, das über das Haus und über alle Einrichtungsgegenstände gelegt ist, speiste in den

Informationsfluß die Nachricht von den Eiweißhalden, die abzutragen wären. Die cucaracha war mit dem Rükkenfall eigentlich tot, sie bewegte sich nur noch als Folge eines Mißverständnisses; weil ihr Herz nicht gleich stillstand, glaubte sie, es könne mit ihrem Leben ewig so weitergehen. Sie wußte nicht, daß sie in einer Welt gegen die Decke seines Flurs blickte, in der es nichts anderes gab als granitharte, polierte Fliesen, auf denen die Bewegungen ihrer Beine sinnlos waren wie Hilferufe an den Mond. Technisch lebte sie, die dunkler werdenden Straßen, deren Zentrum sie war, zeigten, daß sie mit ihrem Beinezucken an den Dingen vorbeiredete, der Gegenwart verhaftet blieb, zu wenig an die Zukunft dachte. Ihr Aussehen veränderte sich bereits ins Zottige, während ihre sechs Beine immer noch ziellos Gnadengesuche hinauspfefferten. Die Kolonnen mehrten sich zum schwarzen Schleier, in dem der Wind spielte und der sich schwerer und schwerer auf das Gezappel legte. Bald glich die Gepanzerte einem Pelztier. Sie ruckte kleine Stückchen um ihre Achse bis weit nach Mitternacht.

Am nächsten Vormittag war der Schleier fadenscheiniger und kleiner. Die Ameisen wissen ihre Menge genau nach dem Nahrungsfund abzumessen. Truppen waren abgerufen worden, das Eiweißlager reduziert, der Pelz dünn. Eine Panzerplatte lag dreißig Zentimeter entfernt, schwarz und glänzend. Es dauerte einen weiteren Tag, dann kamen nur noch Patrouillen weniger Individuen, die gepanzerten Beinetuis, zierlich und kokett wie Ballerinabeine, und ein zweiter Panzer lagen einzeln. Die Portionen, die die Ameisen herausbeißen, sind so fein, daß es auf Polieren hinausläuft. Er greift sich das schwarzlackierte Brustschild, nicht ganz so groß wie der Nagel des kleinen Fingers. Das Täfelchen blitzt emailhart. Beim Anfassen gibt es knisternd nach, ein gedörrtes Häutchen. Es verschwindet dadurch, daß er es angefaßt hat.

Er hängt den Abfall an den Griff einer Küchenschublade, eine Eierschale in der Tüte zieht einen schwarzbraunen, vibrierenden Strick aus dem Nichts über die Unterschränke. Er spült jetzt die Eierschalen, bevor er sie wegwirft.

Sie fallen zu Hunderten, wenn er entscheidet, daß sein Verständnis für sie wieder einmal zu Ende sei. Rafft er sich auf zur Ungeduld, gibt es »große Verluste«. Die militärischen Wendungen der deutschen Umgangssprache. Unter dem großen Schiebefenster der Sala hört er einen Touristen sagen: »Ohne Rücksicht auf Verluste.« Der Gast meinte, daß er sich während der letzten Nacht betrunken habe. Das alte Militärdeutsch fällt ihm ein, wenn er mit einem nassen Lappen den schwarzbraunen Strick abwischt. Man muß ihn viele Male abwischen, er wächst nach. Generale sagten, die und die Anhöhe muß genommen werden, »ohne Rücksicht auf Verluste«. Später machten andere den Befehl zur Umgangssprache, sie waren keine Generale, sie waren als Verlust eingeplant. Beim Ameisenwischen versteht er General und Ameisen. Der Rest in der Eierschale verlangt ganzen Einsatz.

Etwas wird eingesetzt, sagt der Mensch am Kartentisch und setzt farbige Fähnchen für Metall und Menschen. Die Eingesetzten aber behandeln die Vokabel »einsetzen« wie das eigene Kind. Die Schönheit, die darin liegt, Menschen ausgeben zu können, betört sie.

Eine spinatgrüne Jacht schwebt auf seine Bucht zu. Es ist sechs Uhr abends, er fürchtet um seine Nachtruhe. Sie wollen die Hafengebühr sparen auf meine Kosten, denkt er gereizt. Ein braungebrannter junger Mann im Badeslip steht am Bug, läßt den Anker über der Wasserfläche baumeln, wartet mit dem Fallenlassen, obwohl das Boot schon in die Bucht gleitet. Er ist wütend auf die Leute im Boot, weil sie sich nicht einmal umsehen, sie scheinen vorauszusetzen, daß die Uferpartien, die ihnen am besten gefallen, unbewohnt sind; sie halten nur sich selbst für begabt genug, einen schönen Platz zu erkennen. Er steigt die Treppe hinunter, er spürt, wie arroganter Zorn seinen Körper aufrichtet. Er hat öfter die Erfahrung gemacht, daß Menschen ihn vor Angst bewundern, wenn er dieses Gesicht bekommt, von dem er weiß, daß er es jetzt hat. Er wird den vier französischen Seglern dieses Gesicht hinhalten und sehen, was passiert. Sie sind sich schon sehr nahe jetzt, der Mann am Bug und er, ihre Nasenspitzen fünfzehn Meter voneinander entfernt, ein Abstand, der sich noch immer verringert und nichts Gutes verheißt für die Nacht. Wer sein Boot unter fremden Schlafzimmern festmacht, läßt nachts Scheinwerferkegel über die Ufer wandern und schickt den Bewohnern an Land den Terror von Recorderkassetten ins Haus. Wenn er ein Gewehr gehabt hätte, er hätte es jetzt vorgewiesen, wie unabsichtlich. Er spürte, daß er zu allem entschlossen war, zu jedem Verbrechen, wenn er in der Lage gewesen wäre, eines zu begehen, die Jacht aus der Bucht zu bekommen, daß er aber nicht viel mehr hatte, dies zu erreichen, als sein Gesicht. Er dachte, wenn mein Gesicht nicht gut genug ist, das zu schaffen, muß ich damit leben lernen, muß ich ein noch kleineres Leben leben.

Wie der Blick des anderen erst wackelte, flackerte, als er ihn endlich auf sich gezogen hatte, wegflutschte, sich nicht festhalten lassen wollte, als fürchte der Mann, wenn er ihn einmal fest angesehen hätte, zu nichts anderem mehr fähig zu sein, als umzukehren; wie jener Blick immer wieder zu ihm zurückkam und schließlich nicht mehr die Kraft aufbrachte zu fliehen, während er hochmütig abwartend auf den Segler hinunterblickte, mit starren Lidern, als wisse er von einer Gefahr für die Eindringlinge, deren Auswirkung zu beobachten er die Treppe herunter gekommen sei – in dieser Sekunde riskierte er viel. Es stand durchaus nicht fest, daß er siegen würde. Hätte der Mann am Bug den Anker fallen lassen, wäre er als machtlos überführt gewesen. Es gab ein kurzes Gespräch zwischen dem Mann am Bug und dem Mann am Steuer, das Boot drehte ab.
Er genoß den Triumph unbarmherzig und vorsichtig, hinter steinerner Miene.

In der Entfernung waren ihm die Segeljachten angenehm, dank eines Fernglases konnte er seine Erlebnisse mit ihnen haben. Er liebte es, lange auf der Terrasse zu stehen und durch den Feldstecher zu schauen, bis die Arme erlahmten.

Die Annäherung einer Jacht vom Horizont kann einen Nachmittag gestalten. An einem dieser Nachmittage entdeckte er einen bunten Spinnaker. Er holte schließlich einen Stuhl, seine Ellbogen zu stützen. Der Wind wehte ihm die Haare aus der Stirn, die Wellen bewegten sich träge, als wäre das Wasser schwerer als sonst. Das Meer wurde zum Horizont hin heller, die Horizontlinie leuchtete in einem milden Weiß, als läge dort ein feinausgefranster Faden aus Baumwolle, darüber graurosa. Erst erinnerte ihn das Segel an einen Schild, Illustrationen aus Indianerbüchern fielen ihm ein, auf denen Krieger hinter einer Wand grüner Zweige auf einen Feind zukriechen. Irgendetwas, was man nicht sehen konnte, schob den farbigen Schild auf die Küste zu, in die tiefstehende Sonne, er wuchs immer höher über die Horizontlinie, groß wie eine Kirche. Während des Näherkommens geschah etwas mit der farbigen Wand, sie wurde nicht nur größer, es wurde deutlicher, daß sie sich bewegte, sie neigte sich zum Wasser, drehte sich ein wenig, mal nach rechts, mal nach links. Sie veränderte unter dem wechselhaften Druck des Windes ihre Form. Sie war originell gemustert mit wenigen breiten Streifen in Rot, Gelb, Blau, Türkis. Auf einmal war sie dann zu nah, als daß er den Vergleich mit dem Kampfschild länger hätte halten können. Die Anordnung der Streifen und ihre verschiedenen Formen ließen ihn bei einer bestimmten Entfernung ein Gesicht sehen. Er konnte den Eindruck so wenig wieder loswerden, wie man in der Lage ist, ein abstraktes Bild zu retten, sobald man in ihm eine gegenständliche Figur gesehen hat, etwa den Kopf einer Ziege, ein »Gespenst«, wie die Maler sagen. Je näher sie kam, um so stärker wurde der Zauber dieser Figur. Für einen Augenblick hatte er ein bißchen Angst vor dem Riesen, der mit großer Ruhe auf ihn zukam, mit langsamen Kopfbewegungen seine Umgebung betrachtete, sich leicht nach den Seiten verneigend. Ab und zu griff der Wind stärker in dieses gutmütige Gesicht hinein, es verzerrte sich, stumm leidend unter großen Qualen, während es in den dunklen Tiefen unter sich etwas zu suchen schien. Er empfand Mitleid mit dem schwermütigen, hellbunten Riesen. Er bezweifelte, daß dieser Mitleid für ihn empfinden könnte; der Riese war zum Mitleid zu dumm.

Zweihundert Meter von ihm entfernt schaukelt eine Jacht zwei Pärchen. Fast immer sind es junge Paare, die in diesen Booten aufs Meer hinausfahren. Er verlacht die Leute, weil sie ein Haus zahlen für einen Liegeplatz in der Sonne.

Ein Gefängnis ist ihnen Freiheit. Enger und unbequemer als gemauerter Knast. Man kann nicht in Ruhe Tee trinken, weil einem die Tasse aus der Hand fliegt; man wird mit dem Kopf gegen harte Gegenstände geschleudert, kann sich kaum bewegen und wird fortwährend mit Wassergüssen traktiert – die Hauptsache, das Gefängnis wakkelt.

Die beiden Paare auf dem weißen Segler sind Neuzugänge, ihre Körper käsig. Eine der Frauen liegt auf dem Bauch, ihre Schienbeine lehnen an der Reling, sie kann sich dort, nahe dem Bug, nicht ganz ausstrecken. Er ist auf der Hut mit seinem Fernglas, ihm scheint, sie blickten ihm durch die Linsen direkt in die Augen, lange, ehe sie ihn wahrgenommen haben. Ein Fernglas schaut einen herausfordernder an als Augen. Er bereitet sich darauf vor, die Liegende immerfort zu betrachten, solange das Boot dort liegt; er baut auf dem Fenstersims seines Schlafzimmers einen Stapel von Büchern auf, legt darauf den Feldstecher und richtet ihn auf das Vorschiff. Einige Pinienäste schützen ihn vor den Blicken der drei anderen, verdecken manchmal auch den Körper, der ihn unterhalten soll. Das Meer ist unruhig, wirft das Boot in alle Richtungen, langsam dreht es sich ums Ankerseil, zeigt ihm die Frau von allen Seiten. Die feste Unterlage aus Büchern und Fenstersims gibt seinem Genuß Sicherheit, der schöne Frauenkörper ist deutlicher und plastischer, als wenn er ihn aus der Hand betrachtet hätte; schon leichtes Zittern zerrüttet das Bild. Das Schiff schaukelt ihm unaufhörlich eine andere Perspektive des Körpers zu. So gerät er, aus einigem Abstand, zwischen ihre Schenkel. Unwillkürlich zieht er die Luft stärker durch die Nase, als könne er ihren Geruch wahrnehmen. Er ist von der Schönheit ihres Körpers hingerissen, ihr Gesicht kann er nicht erkennen. Er leidet, weil er den Körper nicht berührt. Daß er sie sehen, aber nicht umarmen kann, kommt ihm vor wie ein Verlust, den er nie ausgleichen wird.

Ein Wunschtraum stellt sich ein, vor Alter nur noch der Schatten eines Wunschtraums: Er mit der Unbekannten lange allein auf einer einsamen Insel, so lange, bis sie unter seiner Werbung zusammenbricht. So kann er für eine hundertstel Sekunde alle Probleme vergessen, die sofort auftauchen, wenn er eine Frau begehrt. Sehr selten, daß er eine trifft, wenn sie gerade zwischen alter und neuer Beziehung unschlüssig herumirrt. Oder sie hat einen Termin, er kann nicht allen Charme entfalten. Oder er hat selbst einen Termin, ihn nicht zu beachten, würde er teuer bezahlen. Oder er fühlt sich nicht in Form, sieht nicht gut aus als Folge von Übermüdung, Alkohol, verspricht sich jetzt keine Chancen.

Er weiß, daß ihn die Vorstellung von der einsamen Insel nach dem ersten Beischlaf noch stärker abstoßen wird. Er vergißt es immer. Es nützt ihm nichts. Er weiß auch, es könnte ihm nichts Schlimmeres passieren, als daß der Traum wirklich würde. Und doch ruft er jenen Körper, mit ihm zu kommen an einen der unzugänglichsten Orte der Erde. Als fände er hinter dem engen Tor des Besitzens, jenseits der Erfahrung ihres Körpers die Antwort auf eine Frage, die er seit seiner Kindheit vergessen hat, von der er weiß, daß er sinnvoller leben würde, wenn er sie – mit der Antwort – wieder fände. Er hält sich an dem schlingernden Leib fest, auf eine sehr ähnliche Weise beharrlich wie ein alternder Mensch, der sich an einen Namen erinnern will. Er macht in seinem Leben etwas Elementares falsch, er weiß nicht, was. Er lebt hinter einem grauen Schleier, jener Frauenkörper dort drüben könnte ihn vielleicht hinausführen. Sein Leben vergeht mit Versuchen, aus dem Nebel zu finden.

Der Samenausstoß wechselt seine Identität, als hätte die Wirkung einer Droge aufgehört. Als hätte sein Blut jetzt eine andere Zusammensetzung. Die Vereinigung ist eine Folge chemisch hergestellter Mißverständnisse. Hinterher ist es immer eine andere Frau. Irgend etwas geschieht mit ihm, was er nicht begreift, er kommt sich dieser Kraft gegenüber dumm vor.

Er steht vorgebeugt, mit vorgerecktem Kinn, die Gummiwülste an die Brauen gepreßt, bis die Nackenmuskeln anfangen zu schmerzen. Er stellt sich vor, er könne sie veranlassen, ihr Gesäß zu entblößen, niederkniend es ihm zukehren, ein Wunsch, den bekannte Schönheiten häufig in ihm auslösen. Er weiß, daß jene großen Schönheiten Nahrung und Flüssigkeiten in sich aufnehmen – er sieht es auf Bildern und in Filmen. Es ist ein Anblick, der nicht selbstverständlich durch ihn hindurchgeht. Er ist nicht sehr weit von der Empfindung, daß sie eine Clownsrolle spielen, wenn sie etwas zu sich nehmen, Essen und Trinken der Menschheit nachäffen. Kauen und Schlucken passen zu ihnen nicht so recht. Mit der Nahrungsaufnahme scheinen sie ihre Schönheit auf die Probe stellen zu wollen.

Die Leber muß funktionieren, Magen, Darm und Harnleiter müssen ihre Peristaltik haben, ihr prinzipielles Vorwärtswürgen, damit die Schönheit dauere. Die Bewegungen der Körperkanäle müssen dem Menschen wohlgesonnen sein. Er weiß es nur. Doch sollte ein Darmausgang bloß funktionieren als Mund, der an seinem Glied saugt. Mit dem Urin verhält es sich anders. Er könnte den Urin verschiedener Frauen über sein Gesicht laufen lassen, ohne Ekel zu empfinden. Eine ehemalige Freundin erzählte ihm, sie habe sich mit einem Liebhaber in der Badewanne im gemeinsamen Urin gewälzt. Diese Geschichte hatte er wie eine Zurechtweisung genommen, als hätte sie gesagt: Du hast nie so etwas mit mir gemacht.

Von der Seite gleitet ein Segel in den runden Ausschnitt, dunkles Eigelb. Ein Mädchen, braun wie der Piniennadelteppich auf seinem Grund, wie die Reklame von Sonnenschutzmitteln, rüttelt in Zeitlupe an der Querstange des

Surfbretts. Er schätzt sie auf achtzehn. Haut und Gewebe sind fest wie Fleischwurst und ebenso glatt. Die warenhafte Glätte und Appetitlichkeit ihres Körpers wecken die Vorstellung von Schneiden, ihre Glieder aufzuteilen wie ein Lendenstück. Er verschließt sich diesem Bild, darauf will er sich nicht einlassen, auch in Gedanken nicht.
Er vergißt den tanzenden, geschaukelten und gedrehten Frauenkörper auf dem Vorschiff der Jacht, die weißblau gemaserte, blitzende Wand rennt durch sein rundes Weltbild, er verfolgt die schmale Taille, den ausgreifenden Hüftschwung. Er geht mit sich zu Rate, ob er über tausend Mark gehen würde, könnte er das runde Becken für eine Nacht besitzen; er prüft seine Empfindungen bei zweitausend Mark, für zwei Stunden, für eine. Zweitausend Mark für eine Stunde – das macht ihn nicht zusammenzucken. Im Profil ist ihm ihr Hintern eine Nuance zu flach, ihre Fessel eine Nuance zu stark, er findet, er ist noch einmal davongekommen. Schmalere Fesseln und eine um ein Winziges ausgeprägtere Rundung ihres Gesäßes würden ihn in Gang setzen gegen eine Wand von Hindernissen.

Das Mädchen steht, zweckgerecht, breitbeinig auf dem weißen, schmalen, glatten, naßglänzenden Meereslöffel. Ihre Kruppe wird manchmal von den um Gleichgewicht kämpfenden Beinen hervorgestoßen, sie wollen den Oberkörper vergessen machen, es sieht aus, als uriniere sie im Stehen. Sie zieht lange Bahnen vor ihm her, geräuschlos und unerreichbar, er befindet sich in einem Tresor aus dickem Glas mit eingespieltem Meeresrauschen. Die Dunkle wird von einer bis an den Horizont reichenden Menge von Fotografen unaufhörlich geblitzt, die hinter dem weißblauen Gazevorhang verborgen bleiben.

Das Meer leuchtet jeden Tag in anderen Formen. An manchen Tagen sind die Blitze der Wasseroberfläche so dicht, daß sie kaum voneinander zu unterscheiden sind. Sie fließen zusammen zu Flecken, diese zu ausgedehnten Leuchtfeldern, in denen außer Licht nichts vorkommt. Das Wasser läßt ihn dann an kochendes Blei denken. Zu solchen Stunden ist alles, was nicht Wasser ist, dunkle Unterbrechung der Raserei der Blitze; Windsurfer, Segler: lodernde Scherenschnitte.

Wie sie nach einem Sturz ihr nasses Gesäß über den elfenbeinernen Brieföffner zieht, wie sie den Schenkel aus dem Wasser hebt und auf das Surfbrett verbringt, das ist nicht einfach ein Bein, das man anzieht; was über die Kante rutscht, ist das Versprechen eines anderen Lebens, einer anderen Welt. Der Widerschein des Wasserglanzes leuchtet die Unterseiten ihrer Halbkugeln aus, ist freundlich zu ihm, schenkt ihm weitere Genauigkeit. Später läßt sie sich von einem jungen Mann durchs Wasser ziehn, sie liegt mit dem Oberkörper auf dem Brett, den Hintern über das Wasser gewölbt. Das Wasser fließt zwischen ihren Schenkeln hindurch. Sie liegt, als warte sie darauf, genommen zu werden, ein fürchterlicher Befehl an ihn, aufzubrechen zu jenen Tiefen.

Der Hunger nach dem unerreichbaren Frauenkörper läßt ihn von grenzenloser Verfügbarkeit träumen, von der uneingeschränkten Greifbarkeit eines Gegenstandes. Er sagt sich – ein Mensch, der dressiert wurde, zusammenzuzucken, wenn ein Wunsch in ihm aufkam; der die Mißhandlung seiner Intelligenz durch Tabus nicht überwunden hat – er sagt sich, solche Verlockungen müssen ver-

nünftige Ursachen haben, wenn sie sich gegen die gewaltige Bedrohung durch die Gesellschaft behaupten. Das Gestammel, Ablecken, Abfieseln, Vögeln und Schwitzen sollte einmal Kind werden. Ich liebe Anna, Maria, Henrikke, weil die sogenannte Natur Angst hat, ohne mein Verrücktsein nach ihren runden Ärschen könnten die Menschen von der großen Kugel verschwinden. Alle seine Zellen wollen ihm einreden, sein Orgasmus sei die letzte Chance der Menschheit zu überleben. Das Fortpflanzungsprogramm in den Genen läuft weiter, wie ein Fernseher nach Programmschluß. Wir kriechen noch halbverzweifelt ineinander hinein, wir zucken und winden uns, naß vor Aufregung, wir kämpfen kopflos vor Angst gegen die Tausende von Jahren zurückliegende Leere unseres Planeten. Tristan und Isolde, wofür seid ihr denn so erschüttert, nachdem man eure Säfte mit der Antibabypille überflutet hat?
Das Leben wäre schöner, wenn man sich zu jeder Zeit mit einem Fremden paaren, das Prinzip des Mangels durch das Prinzip des Überflusses ersetzen könnte. Wenn jeder genug zu vögeln hat, hat er auch genug zu melden. Wer den Verkehr der Geschlechter regeln kann, kann den Warenverkehr regeln.

Manchmal wieder ist er sich nicht sicher, ob er nicht doch das Opfer einer Gefühlskrankheit ist. Vielleicht gibt es so etwas wie Liebe. Er kennt so einen Zustand nicht, glaubt nicht, daß so ein Zustand etwas anderes ist als Selbsttäuschung, ein Gefühlsschildbürgerstreich. Ob aus gelungener Einbildung oder nicht – er hat nichts dagegen, mit einer Frau zufrieden zu sein, wenn er nur könnte.

Ein weißes Schiff. Ein unglaublich weißes Schiff. Nie hat es solche Dimensionen in solcher Küstennähe gegeben. Es liegt plötzlich da, wie aus der Luft still aufgesetzt. Ein Motorboot wird herabgelassen, eine Treppe herausgehängt, mit insektenhaft ruckartigen, geräuschlosen Bewegungen, auf einmal hängt die Treppe ein Stück tiefer. Es gibt keine Übergänge in den Bewegungen auf dem Boot. Er weiß nicht zu bestimmen, ist es eine private Jacht oder ein Passagierdampfer. Die Menschen sind so winzig auf dem Schiff. Große Lichtfluten durchschwemmen es bald, und dann steht eine Girlande brennender weißer Glühbirnen über allem, absinkend zu Bug und Heck. Die Beleuchtung des schwimmenden Ortes überstrahlt die Dorflichter.

Er macht sich auf den Weg zum Hafen, um die märchenhafte Erscheinung, dieses wahnsinnige Menschenwerk aus geringerer Entfernung zu sehen. An der Uferstraße steht eine lange Reihe, starr und schweigsam. Immer neue kommen hinzu und füllen die Lücken. Er geht an den Zuschauern vorbei, er will das Boot nicht mit ihnen gemeinsam betrachten; sich nicht einreihen, sich nicht ähnlich machen denen, die ehrfurchtsvoll stumm vor dem finsteren Meer stehen, auf den Gesichtern den Widerschein des Reichtums. Breite Wände Hellgekleideter und Halbnackter schieben sich ihm auf der Hauptstraße entgegen, von Irrtümern aus der Form geklopft. Und aus Häusern hallt es nationalhymnisch: »Ich bin verliebt in den eigenen Mann, da gibt es nichts, was noch schöner sein kann.«

Er betritt eines jener Lokale, das die Spanier Bar nennen, Casa Claus, mit einem deutschen Inhaber, der das »K« seines Namens an seine vermeintliche Weltläufigkeit verrät. Klaus wußte gewöhnlich von den Ereignissen auf der Wasseroberfläche Bescheid – auch von den Dingen in den Tiefen verstand der Freizeittaucher mehr als der Durchschnitt –, der Unterwasserfachmann erregte sich durch Auskünfte über das, was sich vor der Uferlinie abspielte; demonstrierte maritime Kompetenz auch an seinen Wänden, sie hingen voll mit getrockneten Seeigeln, Langusten, Seespinnen, Seesternen, Krabben, Fischernetzen, Harpunen, Schwertfischschwertern, Stachelrochenschwänzen, Haifischgebissen.

Die Menschen sind erregt wie nach einem großen Verbrechen. Klaus hat seine Stunde, weiß, wem das Schiff gehört, kennt dessen Position auf der Weltrangliste. Er sagt, es ist »die zweitschönste Jacht der Welt«. Der Blick duldet keinen Widerspruch. »Die zweitschönste« – das ist genau ausgemessen. Es klingt drohend. Wie überhaupt dann die Augen vor Zorn funkeln, wenn Klaus sagt, daß die Buchstaben des Schiffsnamens aus reinem Gold seien. Manche Besucher der Bar verstehen nicht gleich – die Musik aus dem Automaten soll Touristen von der Straße holen –, sie fragen nach, wollen teilhaben an dem kostenlosen, allgemeinen Wissensvergnügen, das sie auf den Gesichtern derer aufleuchten sehen, die den Tiefenwirt verstanden haben. Klaus schießt Blitze in die hinterste Ecke der Kneipe, die Sache mit den Buchstaben aus Gold muß öfter wiederholt werden. Die Stimme reicht sie an Gäste wie ein Gratisgetränk des Hauses; nicht zu glauben wäre beleidigend, würde Bestrafung nach sich ziehen. Die Jacht gehört Ei-Tieh-Tieh, sagt Klaus, und nach kleiner Pause, die den Bindestrich darstellt, Schaub-Lorenz. Immer wieder muß der Jachtenkenner das Bindestrichwort vorsprechen, die Nachfrage ist groß. Jedesmal wird der Angesprochene durch einen ermittelnden Blick geprüft. Man traut sich nicht, ehrfurchtslos auszusehen. Klaus wiederholt mit Blicken, die zum Schlag ausholen. In den Augen steht ein Fanatismus für Jachten, die Millionen kosten, in Dollar oder Mark. Der Wirt sieht beim Öffnen von Bierflaschen aus wie einer, der entschlossen ist, jeden niederzuschlagen, der kleineren Booten den Vorzug geben möchte. Die Leidenschaft wirkt übertrieben, keiner ist anderer Meinung. Es herrscht Ordnung in der Bar. Alle spüren es, sie verbrüdern sich für teure Schiffe, die einer bestimmten Person gehören.

Er kommt sich vor wie der Abtrünnige einer Gemeinde. Er hält nicht für ausgeschlossen, daß Klaus seine Verräterrolle ahnt. Der Taucher ist ein komplizierter Apparat, der Regungen von Nichteinverstandensein verstärkt, ähnlich NATO-Radarflugzeugen. Man muß schon sehr gut sein, sehr stark auf seine Zuneigung angewiesen, um Klaus zu täuschen. Ab und zu läßt seine Frau die Gäste stehen, geht hinunter zum Ufer, um nachzuschauen, ob das Schiff noch den starken Eindruck auf sie macht, den es auf sie beim ersten Anblick gemacht hat.

Keiner in der Bar bezweifelt, daß das Schiff das zweitschönste der Welt sei, trotzdem fordert der Kapitän der Bierströme die Frau auf, ihm die Lokalzeitung zu bringen. Klaus ist der Tresenideologe, Tresengeneralsekretär und erster Vorsitzender der Nachtluft. Die Druckbuchstaben beweisen, daß das Juwel von ITT-Schaub-Lorenz, »Belle Simone«, das zweitschönste Schiff der Welt ist. Die Zeitung teilt auch mit, es sei vor einem Jahr noch das schönste gewesen. Aber der Sohn des Leibarztes des Königs Saud hat sich eine Jacht machen lassen mit der Absicht, das schönste Privatschiff an Schönheit zu überholen. Wegen dieser Anstrengung steht der Elektrokonzern an zweiter Stelle.

»Belle Simone« wird nur am Rand erwähnt, als der Verlierer des weltersten Platzes; Thema der Reportage ist das schwimmende Märchenschloß des königlichen Leibarztsohnes. Die Zeitung »Letzte Stunde« trägt auf der Rückseite in fetten Lettern die Auskunft, »Nabila« sei im Haupthafen der Insel angekommen, das »Schiff aus Gold«, jener Auflauf menschlicher Arbeitsergebnisse. Der Text vermerkt, »Nabila« sei während der späten Stunden am Abend zuvor erwartet worden, daß sich »die Ankunft auf unserer Insel jedoch bis heute morgen verzögert« habe. Gründe für die Verspätung werden nicht genannt. Der Name des Eigners wird mit Kasogui angegeben, »eine der wichtigsten Persönlichkeiten der Hochfinanz im Mittleren Orient«. Die Jacht ist, so heißt es weiter, mit einem Hubschrauber ausgestattet, der »seit mehreren Stunden darauf vorbereitet war, Kasogui vom Flughafen der Inselhauptstadt abzuholen. Die Ankunft war für die Zeit zwischen fünf und sechs Uhr nachmittags angekündigt wor-

den; der Magnat schwebte mit einer seiner Boeing 727-Maschinen ein.
Der Hubschrauber holte ihn vom Flughafen und brachte ihn zum Jachtklub. Die Manöver des Starts und der Landung wurden von Flugexperten als ›super-perfekt‹ beurteilt.
Die großen Buchstaben an den Seiten, welche das Wort ›Nabila‹ bilden, sind aus reinem Gold. Aus dem kostbaren Metall sind auch die Schlösser der Türen – sehr große Schlösser! Und mehrere Salons sind mit Goldfolien ausgeschlagen. Bade- und Wascharmaturen sind ebenfalls aus Gold«, wie übrigens auch bei der »Belle Simone« – dem nächstschönsten Schiff, dem Bindestrich-Schiff. »Siebenundachtzig Meter in der Länge, vierzehn in der Breite und ein Gewicht von zweieinhalbtausend Tonnen machen ›Nabila‹ zum wertvollsten Wasserfahrzeug, das jemals am Jachtklub angelegt hat. Es übertrifft die ›Britannia‹ der englischen königlichen Familie, und ›Belle Simone‹, die bislang die Weltspitze einnahm.« Der spanische Text verwendet das Wort »vedette«, Vorreiter. Es gab eine kurze Diskussion über die mögliche Bedeutung der Vokabel, keiner der Anwesenden kannte sie.

»Der Wert der Jacht liegt irgendwo über fünfundzwanzig Millionen Mark. Der Hubschrauberlandeplatz, ein großes Schwimmbad im Oberdeck, ein Kinosaal, eine Diskothek, eine mit der modernsten Ausstattung eingerichtete Klinik und die Navigationsanlagen machen das Schiff praktisch unkalkulierbar. Man sagt, Kasogui soll sich um die Kennedy- und Onassis-Witwe Jacqueline bemühen. Der Multimillionär ließ ihr während seines Aufenthaltes in Andalusien jeden Tag tausend Rosen von Málaga nach Amerika schicken. Eine Truppe von siebzig ausgebildeten Kämpfern wacht über die Sicherheit des Finanziers. Die ›Nabila‹ fährt mit einer Besatzung von siebenundvierzig Personen. In einem Volkswagen suchte König Don Juan Carlos am Nachmittag gegen drei Uhr das Gelände des Jachtklubs auf, um sich ›Nabila‹ anzusehen. Einige Minuten später näherten sich Prinz Felipe in Begleitung der Königin Federica und seines Neffen in einem Auto der ›Nabila‹.«

An der Wand hinter der Theke, über Klausens Kopf, hängt ein elektronisches Barometer mit einem digitalen Temperaturanzeiger, es meldet in roter Leuchtschrift abwechselnd die Temperatur der Straße und die der Bar, zwei Sekunden für draußen, sechs für drinnen. Die glühenden Splitter taumeln von einer Zahl in die andere. Klaus wirft von Zeit zu Zeit einen warnenden Blick nach oben, um zu verhindern, daß Temperatur ganz abgeschafft werde. Die Augen der Gäste kehren immer wieder dorthin zurück, sie erweisen dem Barometer ihre Ehrerbietung; in längeren Gesprächen erkennen sie dessen Leistungen an, unter Anleitung des Wirtes. Sie fühlen sich erleichtert, daß die Leuchtstäbchen die Wahrnehmung ihrer Haut bestätigen, sie gutheißen. Sie können sich auf sich verlassen. Jeder Neue huldigt dem Winkel unter der Decke.

An Klaus entdeckt er die Sucht, mit Behauptungen anderen voraus zu sein, sich Autorität (Anerkennung, Zuneigung, Bewunderung) zu sichern mit Aussagen, die den Angesprochenen durch Bewunderung wehrlos machen sollen, etwas was bestimmte Menschen gegen seinen Abscheu bei Gelegenheit auch aus ihm herausholen. Ihm scheint, er kann mit dem Hunger inzwischen so gut umgehen, daß er sich nur noch selten eine Blöße gibt, auch nicht bei Leuten, die darauf trainiert sind, solchen Hunger bloßzustellen. Er ist Klaus zumindest darin voraus, daß er besser aufpaßt; seine Rede ist mit einer ihn selbst manchmal belästigenden Häufigkeit von Wendungen des Vorbehalts und konjunktivischen Formen durchsetzt. Er sagt gern »ich habe sagen hören«, »XY behauptet, es gebe ...«, »mir will vorkommen«. Durch solche Technik kann er Aussagen wieder aufgeben, wenn sich herausstellt, daß sie falsch sind, ohne ins Unrecht zu geraten. Klaus nimmt jede Hypothek auf sich, wenn sie nicht sofort bezahlt werden muß. Der Wirt behauptet offenkundige Unmöglichkeiten, läßt sich auf Wetten ein, die Geschenke sind, so gewiß ist von vorneherein, daß er verliert, um Gegenwart einzuheimsen. Klaus veruntreut Beweisfristen. Man kann ihn durch eine Feststellung zu Verstiegenheiten auslösen. Sagt man, jeder Deutsche zahle zweitausend Mark an Staatsschulden, dann hat man einfach einen Fehler begangen, auch wenn die Zahl stimmt. Denn was heißt »stimmen«? Eine Rechthabensbesessenheit von dieser Gewalt findet einen Aspekt, der einen zwingt, an der Aussage zu arbeiten. Klaus würde behaupten: Falsch, die Staatsschulden pro Kopf sind höher, doppelt so hoch. Man besteht darauf, daß man es genau weiß, hat es gestern in der Zeitung gelesen. Ein anderer würde sich jetzt zurückziehen, den Kopf aus der Schlinge. Klaus ist unerbittlich, das Fieber läßt den Kenner der einheimischen Pilze auch den Einfall finden, der einen erledigt. Zumindest in den Augen der Gäste bleibt der Fachmann der Boote die Autorität in Fragen der Staatsfinanzen durch die Frage: Sind in deiner Zahl auch die Schulden enthalten, die die Gemeinden gemacht haben? Man weiß es nicht, es stand nicht in der

Zeitung. Man zögert einen Augenblick. Damit ist man abgetan. Klaus, der von den deutschen Finanzverhältnissen ebensowenig eine genaue Vorstellung hat wie irgendein anderer, sagt: Na, bitte, und schaut sich um. Geben ihm alle, was sein ist? Der Sieger macht einige Schritte hinter der Theke hin und her, im Stehen ist der Triumph nicht zu ertragen. Der Fischforscher zeigt keine Freude, lacht nicht, brät dem Zögernden mit einem Blick eine drüber, kennt nicht die galante Nachsicht des feinen Gewinners. Der Mundschenk straft einen, weil man sich nicht bescheiden innerhalb des Rahmens eigener Kenntnisse gehalten, hochgestapelt hat. Wenn der ruppige Erzieher nicht wäre, würden viele Fehler vieler Menschen unentdeckt bleiben. So zwingt Klaus mit seiner Schwäche andere zu Stärken. Mit absurden Behauptungen verführt der Wirt die Gäste, sich auf Gedankenarbeit einzulassen, die sie sonst nicht geleistet hätten. Man kann zu niemandem sagen, ein Sandkorn denkt, ohne ihn – vorübergehend – zum Philosophen zu machen. Ist die Absurdität einer Behauptung groß genug, nähert sie sich oft einer Wahrheit. Der Tiefenwirt hat einen Bauch, um Abstand zu halten, sein Blick schaut auf ihn hernieder wie auf eine Schranke.

Jeder belästigt ihn, der ihm nahe kommt. Was ist nahe? An der Theke sitzend versteht er, daß ein Gast vor Sekunden aufgehört hat, ihn nach etwas zu fragen. Er schaut auf, ihm ins Gesicht, und spult die Laute, die noch in ihm stehen, zurück zu sinnvollen Wörtern. Ein Gesicht schaut ihn an, es gehört einem Rotblonden, er stuft ihn ein als Facharbeiter, fünfundvierzig Jahre alt. Aus seinen Augen springt ein so sprühendes Flehen zu ihm über, eine solche Seligkeit des Sich-Hinschmeißens für eine freundliche Auskunft, aufgerissenes Glück. Dieser möchte wissen, »wo man hier anständig essen kann«. Die Frage wartet. Es hätte ihn einen Satz gekostet, dem Menschen zu antworten, er kennt das Dorf, das es so satt hat, Dorf zu sein. Hundert Meter von der Stelle, an der sie sitzen, steht ein Haus, da gibt es Essen, es ist besser als in den meisten anderen Häusern, die es in dem Ort noch gibt. Der deutsche Arbeiter braucht eine Mahlzeit, man sieht es. Und er, der unter um ein Weniges veränderten Umständen dem Mann zum Essen den Weg gewiesen, ihn begleitet, die Bestellung übersetzt und das Essen bezahlt hätte, schaut, als hätte er die Frage nicht gehört, und wenn gehört, nicht verstanden. Er zeigt, er versteht weder die Sprache des Mundes noch der Augen. Er will nicht mehr dorthin, wo jener herkommt und ihn mit dem Verbrüderungsgelüst zurücksaugen möchte. Von dort kommt er ja. Soll er mit diesem Urlaubswrack beginnen, die Menschen zu lieben?

Sobald sie aufhören zu arbeiten, verlieren sie ihre Würde und ihre Schönheiten. Ihre stolz zur Schau getragene Freizeithäßlichkeit: ihre sonnengefolterten Häute; ihr frech sich von den Einheimischen distanzierendes Blond; die Versuche, ihren zu Hause gebliebenen Gang durch andere Gehbewegungen zu ersetzen; ihre imperialistische Forderung nach Eisbein und Streuselkuchen; die ihre Gesichter entstellende Überzeugung, mit dem billig erworbenen Erholungspaket – dessen Billigkeit den Hoteleignern im Land durch die Marktmacht der Vermittler aufgezwungen, die durch den Konkurs vieler Hoteliers bezahlt wird –, mit der Ratenzahlung »nach dem Urlaub« das Recht auf Mißachtung des spanischen Personals gekauft zu haben; ihre neben den Gestalten der Einwohner besonders deutlich hervortretende Grobschlächtigkeit, ihr anhaltendes provinzlerisches Verdutztsein; ihr wie eine lockere Zahnfüllung in ihnen schlackerndes Berufsleben; ihr Stolz auf ihre Angst vor dem Vorgesetzten; ihre Taschenrechner, mit denen sie vor den Augen der Lebensmittelhändlerin ergründen, ob sie auf sie wütend sein müssen; die auf Hemden getragenen Bekenntnisse zur Harvard Universität; ihr erobererhaftes fremdsprachiges Elend. Die durch ihre Massenhaftigkeit sich selbst malträtierende Masse. Sie sehen nicht glücklich aus, wie Menschen, die sich damit abgefunden haben, daß ihnen die großen Aussichten abhanden gekommen sind. Sie bleiben unter ihren Möglichkeiten. Erholungskrüppel. Menschenschutt.

Die großen Vermittler genormter Erholung schaufeln Menschen her über das Fassungsvermögen der Landschaft. Überall krabbeln sie, nisten sie, sie schlurfen durch jede Straße, über jeden Weg, jede Lichtung; er könnte sie aus den Felsspalten klauben; sie klettern über Zäune und Mauern, sie stehen in fremden Eingängen und äugen in fremde Wohnungen; sie kleben auf allen waagrechten Flecken in Wassernähe, wenn sich darauf keine Fahrzeuge bewegen, bleiben auf Mauerkronen zurück. Sie häkeln ein Netz leicht verwegener Gewöhnlichkeit über die Region. Ihre Bewegungen zeigen eine Wut nach Totalität im Entspannen, ein fanatisches Erschlaffen, ein Hineinhämmern von Pause in das bißchen freie Zeit. Sie sprudeln so zahlreich aus den Flugmaschinen über die Küsten, der eine oder andere fällt von der Landkante, wird tot ans Ufer geschwemmt, zersetzt sich in Gesprächsstoff.

Er spricht mit Kellnern, sie sagen, wir kennen die Deutschen nicht wieder. Was wir von ihnen in Filmen gesehen, in Büchern und Zeitungen gelesen haben, paßt nicht zu den Menschen, die zu uns kommen. Von dem großen Volk, von dem man uns immer erzählt hat, haben wir nichts gesehen. Etwas verwandelt sie auf dem Weg zu uns. Wir können es nicht verstehen. Die Menschen, die hier ankommen, sind nicht die Menschen, die in Deutschland abfahren. Von irgendwoher kommen Halbidioten bei uns an und geben sich als Deutsche aus. Sie sind taktlos, schwerfällig, fantasielos, geizig.

Reine, vom übrigen Leben getrennte, industriell verkaufte Erholung scheint Menschen vorübergehend zu verblöden. Sich in diese Weiber zu bohren ist auf eine Weise falsch, die er noch nicht durchschaut. Aber der Punkt ist nicht, daß du dich in eine Touristenfotze bohrst, der Punkt ist, daß die pauschalreisende Hupfdohle auf deinem Laken ein Mensch wird, ein scheußlicher Mensch. Der tiefere Sinn der ganzen Fickerei, scheint ihm, ist, in dem Körper, den man liebt, zu verschwinden; der Sinn des Küssens, sich den Körper einzuverleiben. Wenn das süßsaure Würgen der Schwellkörper vorbei ist, könnte er sich bei mancher an den Kopf schlagen vor Entrüstung über sich, daß er jemals in diesen Leib gewollt hat. Es ist einige Jahre her – so etwas vermeidet er jetzt erfolgreicher (oder ist es vielmehr so, daß er im Laufe der Zeit Vorstellungstricks gelernt hat, durch die er seinen Ekel besser beherrscht?) –, er ging aus dem Bett einer Frau, in das er hineingeraten war durch die erfinderische Begehrlichkeit des Suffs, in ein Textilgeschäft, kaufte sich Unterwäsche und Hemd; er ekelte sich vor der getragenen Wäsche wegen des Geruchs, den er aus ihren Räumen mitgenommen hatte; er kleidete sich in dem kleinen Laden um, der Inhaber, ein älterer, freundlicher feiner Herr, fand das sehr originell. An der nächsten Straßenbahnhaltestelle warf er die getragenen Stücke in den Abfallbehälter.

»Belle Simone« schüttet ihr Licht über das Dorf bis in die Morgenstunden, länger als er aufbleiben mag. Es rollt von draußen einen breiten Lichtteppich über das Meer an seine Terrasse aus. Am Vormittag steht er auf, die zweitschönste Jacht der Welt ist weg, abgehoben vom Meer, verflogen.

Die Mutter von Klaus fragt ihn: Haben Sie auch so viele Ameisen im Haus? Es ist ja furchtbar. So schlimm wie in diesem Jahr waren sie noch nie, seit ich denken kann.

Vor seiner Terrasse saß eine junge blonde Frau auf den Piniennadeln, ihm den Rücken zugewandt, noch innerhalb der Grenze seines Grundstücks, im Bikini, das Haar hochgebunden. Beim Sitzen wird jede Hüfte rund, ihre schienen ihm in der Sitzhaltung zu schmal, da wollte sich wenig aus der Taille kurven. Sie las in einem Buch. Er ging einige Male an der Mauer hin und her, hoffend, sie würde zufällig den Kopf drehen und ihn aus dem Augenwinkel bemerken. Es konnte nur Zufall sein, das Geräusch der Brandung, vom Wind heraufgetragen, überlagerte alles, was aus seiner Richtung an ihr Ohr hätte dringen können, außer durch albernen Gewaltakt hergestellten Krach. Er suchte ihre Umgebung nach einem Mann ab. Als er keinen fand, schlug seine Einstellung um von feindlicher Gesinnung in Zuneigung. Der Nachbar, Jaime, ein vierzigjähriger Spanier, kam ihm ungewollt zu Hilfe. Jaime ging zum Ufer hinunter, an der blonden Frau vorbei. Wahrscheinlich hatte er sie von seinem Haus gesehen und wollte in ihre Nähe. Als Vorwand schrie er seinen beiden Kindern übers Wasser zu, die nahebei in einem kleinen Boot segelten, ob sie gut zurecht kämen, eine Frage, die ihnen rätselhaft vorkommen mußte. Sie segelten seit zwei Wochen, ohne daß er sich erkundigt hatte. Der Nachbar passierte die Frau unverschämt knapp, fast streifte er ihre Schenkel mit seiner Wadenbehaarung. Er rief Jaime zu: Jemand aus deinem Haus ruft nach dir. Er stand wenige

Meter hinter der Blonden, einen halben Meter höher als sie. Sie zeigte im Profil eine unerwartet kräftige Nase. Er empfand sein über sie Hinwegrufen als ungehörig, es paßte zur Ungehörigkeit ihres Dasitzens; es war die erste Gemeinsamkeit zwischen ihnen. Nun war die Fremde einbezogen. Es schien ihr offensichtlich selbst so, daß sie dazugehörte, sie drehte sich nach ihm um und sagte: Er hört Sie nicht. Das Meer ist zu laut und der Wind weht uns entgegen, sagte er. Sie rief Jaime zu: Hallo! Hallo! mit zu leiser Stimme. Niemand hat sie gebeten, meine Schallöcher zu überbrücken, was geht sie unsere nachbarlichen akustischen Schwierigkeiten an? Dann hielt sie wieder das Buch vor sich hin. Er wartete eine Weile, überlegte sich Wörter, die in ihr haftenbleiben würden.

Was lesen Sie? Sie reagierte nicht. Etwas lauter rief er: Sie hören nicht besser als er. Das verstand sie. Sie hielt ihm den Titel hin, er konnte ihn auf diese Entfernung gerade noch erkennen: »Amtliches Fernsprechbuch Hamburg«.

Passiert es Ihnen nie, fragte sie, daß Sie nach einer Telefonnummer suchen und dabei ins Schmökern geraten und schließlich vergessen, wen Sie anrufen wollten? Ein Kriminalroman erinnert mich immer an die Wirklichkeit. In so einem Buch sind Romane versteckt, die ich mir selber schreibe. Ich lese, zum Beispiel, die bekannte Stadtgröße hat ihre Adresse in dem und dem Viertel. Ich wußte vorher nicht, wo die Leute alle wohnen, die ich so oft im Fernsehen gesehen habe. Die haben ihre Gegenden, diese Leute. Oder: Man entdeckt die verrücktesten Vereine. Warum brauchen die Menschen das? Haben Sie schon einmal vom Deutschen Schreberjugend e.V. gehört? Von der Deutschen Frühstückseier G.m.b.H.? Deutscher Neufundländer-Klub? Deutscher-Staatsbürgerinnen-Verband? Die Institute zur Heiligen Hedwig e.V. – was mag das sein? Man müßte anrufen. Was ist eine Regenerations-Eisenwaren- u. Eisenhandels-G.m.b.H.? Im Berliner Telefonbuch gibt es acht Spalten Jacob. Warum ist das so? Ich lese jetzt das achte oder neunte Telefonbuch, von vorne bis hinten. Telefonbücher kommen mir vor wie Frage-Schulen.

Im Frankfurter Telefonverzeichnis finden Sie mehr als sechs Seiten Burghard, in allen möglichen Schreibweisen: Burckhardt, Burckhart, Burckhard, Burckert, Burchat, Burgart, Burgert, Burghard, Burghardt, Burkert, Burkhardt, Burkart. Die einen sprechen das k weich, die anderen hart, mit einem h-Nachlaut; g und k ist oft dasselbe, auch d und t. Die Schrift kann ja nichts dafür, daß sie von der Sprache nur eine unscharfe Momentaufnahme gibt. Wir vergessen das leicht und jagen bei unseren Kindern nach orthographischen Fehlern. Ich kümmere mich grundsätzlich nicht um die amtliche Rechtschreibung, ich schreibe meine Briefe nach dem Gehör. Ich finde es viel lustiger so und dichter. Burghart zum Beispiel – da steckt Burg drin, was früher auch so viel hieß wie Stadt, der geschützte Ort. Man müßte nachschauen, was die zweite Silbe bedeutet. Ich denke, sie hat keine eigene Bedeutung, nicht mehr als das er in Maurer, Tischler. Burgert, vielleicht ist es der von der Burg, der Mensch aus der Stadt. Das war im Mittelalter etwas Besonderes, als es nur wenige Städte gab, das verdiente einen Namen, wenigstens bei den Verwandten.

Was halten Sie von einem Cognac? Er fühlte sich kühn und gehorsam, ein Priester, als er das sagte, gehorsam dem Dogma, sich an jeder Frau auszuzeichnen. Er verhängte das Wagnis über sich wie eine geistige Übung. Wär nicht schlecht, wiederholte sie, ihre Spontaneität war schon gekippt. Damit habe ich dich, dachte es in ihm, damit habe ich dich im Bett. Er dachte es nicht in der richtigen Art, vielmehr, als habe er sie besiegt, anstatt zu berücksichtigen, daß auch sie den Fortgang der Ereignisse in seinem Sinne steuern mochte. Das war eine Gewohnheit, die ihm viele tiefe Vergnügen vernichtete. Er verhielt sich, als glaube er nicht, daß die Frau, mit der er im Bett lag, Sexualität mit ihm voll genieße – mit anderen sehr wohl –, als ließe sie sich mit ihm ein aus anderen Gründen. Nicht geschlechtliches Verlangen schien sie in sein Bett gebracht zu haben, sein Raffinement vielmehr, seine Zauberei mit Gesicht und Wörtern, mit Schauen und Bewegungen, mit dem Winken von Begabungen, als Alleinunterhalter eine lange Serie verblüffend belebender Gescheitheiten in Aussicht stellend. Und weil er einmal so stark darauf beharrte, sie aufs Laken zu kriegen, wollte sie ihm das bißchen nicht abschlagen, das für ihn die Hauptsache war, um das Vergnügen, das sie durch seinen Kopf kennengelernt hatte, nicht zu verlieren. Wenn sie mit ihm ins Bett ging, »gab sie nach«. Sie belohnte ihn für seine großartige Schau. Sie bezahlte, er verdiente sie sich. Da war eine Stelle in ihm, die glaubte, sie zahle zu viel. Er kam sich wie ein Betrüger vor, wenn er sich wie ein Sieger vorkam. Er fragte sich neuerdings, seit ihm dieser Bruch bewußt wurde, ob nicht so etwas wie Selbstbestrafung dahinterstecke. Zum vollendeten Vergnügen war er auf die Überzeugung angewiesen, daß sie in ihn verliebt sei; die schärfsten Reize erlebte er, wenn die Frau, die er begehrte, ihn verführte. Dann blieb er unschuldig und fand ganz zu sich.

Da er bei den meisten Eroberungen größeren Aufwand an Schmeicheleien und Komplimenten gewohnt ist, an gut gearbeiteten, verführerisch glaubhaften, für ihn selbst auch glaubhaften Lügen und, da er die Zusage der fremden Blonden, mit ihm einen Cognac zu trinken, als eine Zusage versteht – wenn auch natürlich nicht sofort –, mit ihm ins Bett zu gehen, obwohl sie sich vor Minuten zum ersten Mal begegneten, gerät er ein wenig außer Atem, Befangenheit läßt ihn plötzlich distinguiert erscheinen.

Sie folgt ihm auf die Terrasse, die Beine findet er elegant, es glückt ihm ein Streifblick hinunter an ihrer Rückseite, als er ihr vom oberen Ende der Treppe zur Terrasse nach der Etikette den Vortritt lassen kann; sie sieht aus, als könne sie einiges aus der Schublade »Artigkeiten« gut gebrauchen. Die Hüften laden ihn nicht ein, sie verjüngen sich nach unten. Das ist einer der schwersten Mängel, die ein weibliches Gesäß haben kann. Es gibt an ihr weder eine Apfel- noch eine Birnenrundung, die Hüfte geht zu schnell in Bein über. Tief drinnen trifft ihn so etwas wie ein Charakterfehler, ein Zuhause kann so ein weiblicher Mensch nicht sein, der mit dem eigenen Arsch geizt, daß er ihn genau dort zurücknimmt, wo das meiste Material draufgepackt werden soll. Das versucht sie mit weicher Freundlichkeit wettzumachen, hält ihm das Gesicht hin, er darf darin schreiben. Ihre Lider gefallen ihm nicht, sie senken sich nach außen zu früh, bilden statt der Rundung eine Schräge, wollen weniger einlassen, sagt er sich. Könnte man Menschen nach solchen genetischen Streichen beurteilen, müßte er annehmen, sie sei ein besonders vorsichtiger, ängstlicher und habgieriger Mensch; ihre Gene heißen sie, immer den Arsch einzukneifen, es soll nichts raus, sie will alles behalten. Es bleibt ihre freundliche, offene, dem Hintern widersprechende Gelassenheit.

Er testet sie mit Sätzen, sie sagt, sie kenne auch keine Tabus. Sie verwendet einige Male die Personalpronomen »uns« und »wir«, sagt zum Beispiel, wir fahren Freitag ab. Was hat es mit der ersten Person Mehrzahl auf sich? Sie ist mit einer Gruppe hier, mit ihrem Mann, einem befreundeten Ehepaar und zwei Kindern. Sie deutet auf einen Platz am Meer, der felsige Vorplatz eines Nachbarhauses, auf dem er seit vierzehn Tagen eine Doppelfamilie beobachtet. Jeden Morgen um halb elf haben sie ihre Ankunft. Sie verbreiten sich auf einer Fläche von zweihundert Quadratmetern. Sie sind immer erst eine Weile beschäftigt, kochen stark auf zu Aktivitäten, um den Platz auszustatten mit Schwimm- und Bräunungsgerätschaften, bevor sie sich waagerecht beruhigen, im Wasser oder auf dem Gestein. Es sind mehrere Gänge aller Mitglieder der Gruppe nötig, bis der Fels die geforderte Wohnlichkeit angenommen hat. In der Bewegungsgarnitur kommt auch ein Luftmatratzenaufpumptanz vor: Aufrechtstehen, Geradeausschauen, Hände auf die Hüften, auf einem Bein stehen, den Fußballen des Spielbeines regelmäßig wie der Kolben eines Motors auf die Erde stauchen. Die beiden Frauen tanzen verschieden, bei der einen gerät das Stampfen zum flinken Tupfen, dabei verreißt sie den Oberkörper rhythmisch zur Seite, verwackelt die Tanzfigur; die andere bewegt das Bein, als wäre sie eine Statue mit angehängter, gelenker, maschinengetriebener Beinprothese.

Die weizenblonde Statue hat zwei weizenblonde Kinder, aggressive, raumfressende Bälger, ein Junge, ein Mädchen. Einige Male wird er von dem Wunschtraum heimgesucht, ihnen ein paar Ohrfeigen zu geben. Das Mädchen, vielleicht dreizehn, zeigt jenen eingekniffenen Arsch, der der Badehose nichts gönnt; so muß das Höschen, was es an Breite nicht darf, in die Höhe gezogen werden zu einem spitzen Winkel, als würde es über ein Brett gespannt. Es kam ihm anfangs so vor, als hätten die Eltern die Kinder gegen ihn aufgehetzt, so feindselig schauten sie ihn an, wenn sie sich in der Bucht begegneten; und so unerklärlich lange trieben sie mit ihrer Luftmatratze auf dem Wasser unter seinem Haus, daß es aussah wie Nachsitzen, sie schienen verpflichtet zu testen, wie er auf die Besetzung der Bucht reagieren würde; wer konnte wissen, ob sie insgeheim nicht wünschten, er würde sich zu einer Affekthandlung hinreißen lassen, um daraus ihren Nutzen zu ziehen. Er ignorierte die Kinder, selbst wenn er neben ihnen schwamm. Nach einigen Tagen kamen sie nicht wieder.

In der Gruppe fehlte eine der beiden Frauen, die kleinere, schmalere, die das Betupfen der Erde verwackelte. Er hatte zu ihr ein schlechteres Verhältnis als zur Weizenblonden, aus deren Taille Versprechen sich wölbten. Die Blassere, Dünnere, in den ersten Tagen Rotweiße, provozierte ihn stärker, wenn sie näherzukommen drohte. Er schätzte sie auf zwanzig, hielt sie für militant engagiert gegen Menschen, die am Meeresufer in privaten Häusern wohnten. Einmal hatte sie sich sogar auf seine Mauer gesetzt, das hatte er schnell durch Schauen beenden können; sie setzte sich dann auf die Mauer des Nachbargrundstückes und blieb dort zwei Stunden sitzen, mit einem Buch, über die Augen einen Leinenhut gezogen. Sie kippte den Kopf nach hinten, bahnte dem Blick einen Weg unter dem Lappen vorm Kopf hervor. Diese Kopfbewegung sollte es nicht geben. Es sollte nicht erlaubt sein, sich mit einem Hut zu zwingen, anderen Menschen aus der Kippe in die Augen zu sehen. Wer nicht hochmütig ist, wird es dadurch.

Nachdem sie nochmals bestätigt hatte, daß sie zur »Familie« gehörte, erkannte er jene Zwanzigjährige in Teilen wieder. Wie die groben inhaltlichen Züge in einem schlecht übersetzten Gedicht. Da war noch der üppig über die Stirn quellende Pony-Haarschnitt, das Profil. Es kehrte wieder der jagende Übergang zwischen Gesäß und Schenkel. Statt zu der zwanzigjährigen Streiterin für den Auszug der Hausbewohner der Küstenlinie sprach er zu einer Frau, die sich den Vierzigern näherte. Ihre Liderschräge ließ sie aussehen, als hätte sie Kummer, auch wenn sie lachte. Im Sonnenlicht auf der Terrasse kam die resignative, defensive Zähigkeit einer Frau hervor, die ihr ganzes Leben lang gegen ihre schwachen Nerven gekämpft hat. Mit ihren kleinen Tönen bekundete sie Verständnis für die Besitzer am Wasser. Sie akzeptierte einen zweiten Cognac. Sie verabschiedete sich bald, die Gruppe warte auf sie. Er fragte auf der Treppe, ob das Mädchen ihre Tochter sei, ihm fiel endlich die Ähnlichkeit auf, mit der beide ihre Badeslips knapphielten.

Jeden Morgen erscheint ein mahagonirotes Motorboot, glatt und glänzend, wie lange abgeschleckt. Auch seine Form ist erlutscht. Es schlüpft durchs Wasser, ein Überwasserfisch. Staubtrocken glänzt es naß, glänzt dem Wasser entgegen, durch das es schlüpfen will. Es gibt fürs Auge auch einiges Chrom zu schmecken. Das Heck ist schmaler als der Bugteil, verbreitert sich aber in Glanz und Glätte von oben nach unten, es fühlt eine Lust, sich ins Wasser nach unten auszuweiten, sich dem Meer mit dem Heck hinzugeben.

Es zieht einen Halbkreis von fünfhundert Metern Durchmesser aus dem Hafen heraus, herüber in eine ihm schräg gegenüberliegende Bucht. Über der Bucht steht ein Schloß. Fünfzig Meter vor der Anlegestelle bleibt es liegen, wiegt sich, ein acht Meter langer Füllhalter. Es entläßt einen Sirenenton. Sonst hört man nichts von ihm, schon vorher hörte man nichts, als es hinter der Hafenmauer hervorkam. Es läßt Blitze aus der Haut zucken und wartet, daß es die Familie apportieren darf. Das Aufheulen der Sirene – ein einmaliges, kurzes, die Menschen im Schloß dürfen nur unterrichtet, nicht zur Eile ermahnt werden – läßt ihn an Polizei denken, Verhaftung, Gefängnis, Folter, an staatlichen Terror. Er betrachtet die Szene durchs Fernglas. Die Familie läßt sich Zeit. Die Kinder sind hübsch, braun, schwarzhaarig. Der Vater durchtrainiert, kerzengerade Haltung, groß. Da sind weitere Angehörige, oder Freunde. Es zerrt ein wenig an seinen Nerven, wie langsam sie sich die Treppe hinunter begeben, wie zäh die Familie ins Boot tröpfelt. Sie kommen durch ein kleines Seitentor der Umfassungsmauer, das zu allen Jahreszeiten geschlossen ist, nur während dieser wenigen Wochen durch das Erscheinen des Mahagoniwals geöffnet wird. Niemand scheint irgend jemanden zur Eile zu drängen, darin liegt für ihn Lebensart, er genießt diese Leute. Die im Boot, verhätschelt von Ledersitzen und der üppigen Polsterung der Innenseiten, warten nicht einmal; die Kinder rutschen, sich festhaltend an einer niedrigen Chromreeling, über den flach abfallenden Bootsarsch ins Wasser.

Der Mann, der das Boot gebracht hat, grauhaarig, füllig, weißer Anzug, steigt aus und geht mit etwas langsamen, kleinen Schritten davon. Das Vergnügen, mit dem Luxus fortzustürmen, behält sich der im besten Mannesalter stehende Kerzengerade vor. Zwischen dem Tor und der Felsentreppe zur Anlegestelle entlang der Mauer läuft der öffentliche Uferweg. Dort stehen Kunden deutscher Reisegesellschaften und verleiben sich dieses Einsteigen ein. Leises Blubbern, sanftes Rumpeln – es erinnert ihn an das Hervorquellen des kugeligen Mistes bei Schafen – sagt ihm, daß die Angehörigen beieinander sind, daß Gas gegeben wird.

Das Boot braust davon, mit den leise polternden Hartfilzkugeln im Leib, das abgestiebte Wasser überrauscht das rumpelnde Brummen des Motors. Es ist nicht Lärm, der den großen rotbraunen Lutscher vorwärtsfliegen läßt, sondern Geld. Wenn er die kleinen, grell herumschreienden Bootsmotore der anderen hört, identifiziert er sich mit den Reichen, so etwas wie Verachtung für diejenigen möchte sich in ihm einrichten, die an einem Vergnügen teilnehmen wollen, ohne das Geld dafür zu haben, und es durch Sparen verderben, sich mit Dreck zufriedengeben.

Über den Erbauer des Schlosses erzählen ihm die älteren Einwohner Geschichten, denen zu lauschen er nicht müde wird. Großartige Verbrechen von konsequenter Skrupellosigkeit und unbarmherzige Intelligenz sollen die Grundlage dieses Reichtums sein. Ihn entzückt der drakonische Komfort, den er überall um das Schloß wahrnimmt. Auch die Schönheit der Enkel des Erbauers ist eine Annehmlichkeit des Geldes, das jener an sich gerissen und das durch seine Anziehungskraft neue Wirklichkeit schafft.

Er beobachtet einen Touristen, der auf seinem Spaziergang am Meer unerwartet mit diesen Werten zusammengestoßen ist. Die Mauer aus behauenen Felsbrocken, die das Anwesen umschließt wie eine Festung, verweist den Passanten durch Höhe und Gewalt auf ihre eigene Erscheinung, nur an zwei, drei Punkten des Weges, der das Meeresufer säumt, ist ein Einblick möglich, wo Steinbukkel der menschlichen Kleinheit einige belehrende Zentimeter hinzufügen. Dort steigen sie gerne hinauf, die saisonal Entwurzelten, holen das Äußerste aus ihrer Halslänge, ihrer Bewunderung für die Schätze eines anderen ausgeliefert, begehrlich nach dem seelischen Tritt in den seelischen Hintern. Der Chartermensch trägt starke Brauen, die schwarz und wild unter seiner Schirmmütze hervortreiben. Wie der Fremde den Stein hinaufsteigt, wieder zurücktritt und nochmals hinaufsteigt, das fällt ihm auf. Der

Mensch schlingert, den Kopf geradeaus gerichtet auf eine Stelle hinter der Festungsmauer der reichen Familie. Der Kopf wedelt mit dem Rumpf, ist sich unschlüssig, welche Haltung der Körper einnehmen soll gegenüber dieser Werteschwerkraft. Es sieht aus nach Einschütteln auf irgendeine Entschiedenheit, nach innerer Vorbereitung auf den Krieg gegen das Schloß. Die Gesichtszüge sind gezeichnet von aggressiver Fassungslosigkeit, nach hinten gerafft, wie in Erwartung einer Ohrfeige. Der Urlaubsreisende ringt mit dem Körper nach Fassung. Mehrere Male steigt der Mann auf den Stein und traut seinen Augen nicht, während seine Frau unbeteiligt wartend beiseitesteht, ein Abgrund trennt sie von dem Aufruhr in ihm.

Vom Weg sieht man nichts als zwei Zelte – von über die Mauer quellenden Pflanzen abgesehen –, einen hohen grüngestrichenen Maschendrahtzaun mit Scheinwerfern auf Masten, die den Zaun um das Doppelte überragen – Geräusche zeigen an, daß es sich um einen Tennisplatz handelt –, und eine moderne Plastik. Man sieht nur den oberen Teil der Zelte, nicht viel mehr als das Dach. Ein Genuß von einem Zeltdach. Schweres weißes Leinen mit einem tintengrünen Mäanderband. Der starke Stoff ist straff über ein Rohrgerüst gespannt, der Wind bewegt nichts. Die Zelte sind quadratisch, flaches Pyramidendach, darauf eine weitere, kleine flache Pyramide; die Wände – das sieht er nur aus größerer Entfernung, von seiner Terrasse mit dem Fernglas – in die Ecken zurückgerafft mit breiten Gurten, in denen sich das Mäandermuster wiederholt; man denkt an Alexander den Großen auf seinen Kriegszügen, so ähnlich könnte er gewohnt haben. Die Rohre sind mit demselben Leinen überzogen, den

Blicken der Schloßbesitzer soll es gutgehen, sie sollen weich landen, wenn sie in die Höhe blicken. Die Polsterung der nichtrostenden Stahlrohre – man möchte einmal mit dem Kopf dagegenstoßen, aus der Annehmlichkeit auch taktil etwas herausschlagen – entspricht derselben gekauften Fürsorge, mit der die Explosionen des Verbrennungsmotors im Mahagoniboot den Ohren weich gemacht werden. Die Außenmauer, was ist sie anderes als ein Schalldämpfer, ein Anblicksdämpfer, Geruchsdämpfer, Berührungsdämpfer, Assoziationsdämpfer. Die Menschen dahinter müssen ein gigantisches Bedürfnis nach Abfederung der Welt haben. Er teilt das Bedürfnis mit ihnen, wenn auch nicht im selben Ausmaß. Verletzbarkeit wächst mit den Mitteln, sie zu schützen. Ihr privater Aufwand hat öffentliche Ausmaße.

Nachts bis um eins, zwei strahlen elektrische Lampen jede einzelne der zahlreichen alten römischen – auch griechischen – Amphoren an, die auf der Mauerkrone in verschiedenen Lagen von Zement festgehalten werden. Die Plafonds der Zelte erblassen und dunkeln, ein Swimmingpool, dem Passanten unsichtbar, wirft seine Reflexe zu ihnen hinauf. Nachts erkennt er an Lichtern, die hinter den Pinien hin und her fliegen, daß es auf dem Hügel hinter der Mauer Straßen gibt, man sieht es dem wandernden Schein an, die Straßen sind asphaltiert.

Die Skulptur tut etwas mit den Leuten, bei Tag und bei Nacht. Sie stellen sich auf Erhöhungen im Weg oder an dessen Rand, seien sie noch so niedrig, wie auf eine Prothese. Sie diskutieren das Werk, fotografieren es, fragen, manchmal auch im Selbstgespräch, nach seiner Bedeutung, ohne eine Antwort zu erwarten. Die Künstlerarbeit wirft sie in sich herum. Das Produkt nur schön zu finden ist ihnen zu wenig. Es macht sie mutlos, wenn man ihnen das abverlangt. Sie haben die Erwartung von Schönheit an Forderungen zurückgebliebener Nützlichkeit gebunden. Was einer gestaltet, soll sie bestätigen. Sie haben es satt, gestaltet zu werden. Die Gestalt, die man aus ihnen gemacht hat, gefällt ihnen nicht.

Eine Gruppe schwarzer Marmorsäulen in verschiedenen Größen steht auf dem Rasen, dazwischen streckt sich etwas in Gold nach oben, kommt aus dem Gras, zwängt sich zwischen zwei Säulen hindurch und hinauf zur vordersten, höchsten Säule. Er nennt das Ganze für sich »die Schlucke«; lieber noch verwendet er das englische Wort »gulp«, was man auch mit gierig hinunterschlucken oder hinunterwürgen übersetzen kann. Die einzelnen »gulps« sehen ähnlich aus wie Eier, ein Mann in Kauerhaltung würde leicht hineinpassen. Die goldenen Körper sind miteinander verbunden durch schenkeldicke runde Stege, die breiter aus der Eigestalt treten und zur Mitte dünner werden, ähnlich einer zähen Flüssigkeit. Der oberste Rundkörper hat die Form eines vollkommenen Eis, außer dem dicken Honigstrang zieht sich darunter noch ein zum Abreißen dünner Faden zum vorletzten »Schluck«. Jeder Körper sieht etwas anders aus, die langgezogene Schleimform tritt nie an derselben Stelle aus oder ein. Mancher dieser acht Körper ist fast kugelig, wird ins Eihafte verformt durch schleimiges Hinüberwandern in die nächste Ausquellung. Die Plastik schluckt sich zwischen Marmor zum Himmel hinauf, von einem katalanischen Künstler, Corberó, auf ihre peristaltische Wanderung geschickt.

Da gibt es Moores, da gibt es einen Rodin im Park, ein Nashorn aus Granit in Lebensgröße, einen Dalí und einige abstrakte Plastiken bekannter Künstler.

Er kennt eine Fotografie von dem Hügel, der das Dorf überragt, sie stammt aus dem Jahr 1923. Das Schloß fehlt. Es wurde ein Jahr später begonnen. Der Hügel auf dem Bild sieht aus, als sei es ein grober Fehler von ihm gewesen, so lange ohne Schloß dazustehen. Jemand scheint das Bild gefälscht zu haben, den Hügel zu verleumden.

Ziemlich in der Mitte der Insel gibt es ein Dorf, Santa Margarita. Die Bewohner des Ortes kennen ihre Heilige wie die Franzosen Jeanne d'Arc kennen, dicke biografische Beilhiebe sind die feinsten Striche ihres Porträts. Von da kam der Mensch, dessen Namen heute die meisten Bankfilialen der Inselgruppe tragen. »Schweinehirt« war das erste, was er über ihn hörte, einer der reichsten Männer der Erde habe als Schweinehirt angefangen. Das erregte ihn; als Kind hatte er einige Jahre Schweine gehütet. Ein Leben ist eigentlich zu kurz, um diese Strecke zu durchmessen. Ein bißchen weiter vorne muß es schon anfangen, statt Schweinehirt, Schweinehändler.

Man kann Reichwerden lernen wie Malen, genauso, nur bestimmte Aspekte sind erlernbar. Motiv und Begabung müssen da sein, nicht die ordinäre Sucht, sich alles kaufen zu können. Er ist nicht einverstanden mit sich, daß er das Reichwerden verschludert hat. Verschiedene Arten von Ehrgeiz haben sich in seinem Leben gegenseitig aufgehoben, ausbalanciert zum Nichterfolg. Selbstliebe hat ihn gehindert, sich einzulassen; Machthunger, malen zu lernen.

Er war in politische Organisationen gegangen, um aufzusteigen zu Spesen und Ansehen und um andere machen zu machen. Es war dann wieder eine Häßlichkeitszumutung, die ihn vor der Karriere zurückschrecken ließ. Die Sprache, die diese Leute sprachen: Er hatte Angst davor, sein Leben zu verbringen in diesem Sprachdreck. Solange die allgemeinen Angelegenheiten nur von Leuten verwaltet werden können, die sich so schlecht ausdrücken – »verwaltet«: »durcheinandergebracht« müßte es heißen –, so lange wollte er mit öffentlichen Angelegenheiten nichts zu tun haben. Die sogenannten öffentlichen Angelegenheiten stießen ihn ab, weil er sie selten anders kennenlernte als in den Wörterfriedhöfen derer, die jahrelang Jauche geschluckt hatten für Macht.

Er hat ein Problem. Er meint – er meint es erst jetzt, in diesen Tagen –, daß er wegen intellektueller Schwäche zu spät erkannt habe, was er aus seinem Leben hätte machen sollen, können. »Etwas aus dem Leben machen« – der Satz gefällt ihm nicht, er klingt nach Pfennigwirtschaft, in Schubladen aufgehobenen alten Schnüren. Jetzt scheint ihm, als wäre die geringste Einschränkung gewesen, reich zu werden. Schwierig ist es nicht, wenn man nichts anderes im Kopf hat; die Kunst ist, nichts anderes im Kopf zu haben. Diese Bankbesitzerskinder stimmen ihn nachdenklich. Das Leben bekannter, auch gefeierter Politiker – das war früher anders – fasziniert ihn nicht. Er ekelt sich in diesen Figuren vor seiner eigenen Vergangenheit.

Er möchte den Reichen vom Schloß näherkommen, etwas von ihnen anfassen, ihre Stimmen hören, etwas von ihnen sehen, von einem von ihnen ein Wort an sich gerichtet bekommen, etwas von ihnen zu sich nehmen möglicherweise. Er möchte in ihrem Leben auftauchen, jedoch ohne mit seinem Stolz zu bezahlen. Er fühlt sich auf erotische Weise wohl bei den Mächtigen. Er versteht es, sich ihnen sympathisch zu machen, ohne sich zu demütigen. Er weiß, daß man mit Selbstbewußtsein angenehm bei denen auffällt, die die devote Haltung ihrer Umgebung gewohnt sind. Er weiß die aufrechte Haltung schlau zu dosieren.

Manchmal, wenn Angehörige der Familie Wasserski laufen, nähern sie sich seinem Haus. Er kann dann verstehen, was sie sich übers Wasser zurufen. Schönes Spanisch hallt ihm von der Meeresoberfläche entgegen. Vokale und Konsonanten sind unmißverständlich, verläßlich, klar. Keine Unreinheiten klingen in den Vokalen mit, das a enthält keine o-Spuren, das o keine Reste von u. Das i der Reichen ist von einer Schärfe, daß es international beispielhaft sein könnte, ein Norm-i, das ihm erst das Phänomen bayerischer, sächsischer, Hamburger i-Faulheit bewußt macht. Die Konsonanten haben ein scharfes Profil, ganz anders als bei den Polizisten, die alle aus Andalusien zu kommen scheinen und deren s verlottert ist zu einem Lufthauch, der nicht einmal die Qualität des Lispelns erreicht. Das proletarische Spanisch, bei dem die Endung ado zum ao schrumpelt – ihm erscheint das schon fast als radikale, aufsässige Faulheit einer Provinz, die keine eigene Sprache entwickelt hat, die Sprache des Landeszentrums mißhandeln muß aus einem Minderwertigkeitskomplex, durch lustvolles Sichgehenlassen, wie ein Kind, das seinen Urin in die Hosen fließen läßt. Man kann Aussprache nicht werten, möchte er aus Gewohnheit denken. Sprache wird gemacht von denen, die sprechen, es gibt keine andere

Autorität als das Meer von Zungen. Das ist sein erster Gedanke, wenn er sich über die zahnigen Wirbelböen aus andalusischen Mündern, die südspanischen Mundwinde ärgern möchte, die das s darstellen sollen. Das Volk macht die Sprache, und wenn das Volk aus den Zähnen furzt, ist der S-Furz Hochsprache. Die Freundlichkeit mit dem sogenannten Volk funktioniert halt nicht, die Hochsprache ist nirgends die Sprache des Volkes. Wenn man der schwermäulig schweigenden Mehrheit die Sprachstandards überließe, warum sollte man dann nicht den Herstellern von Spirituskochern die Raumfahrt überlassen?

Um halb zwei nimmt die Familie im Kriegszelt das Mittagsmahl ein. Er beobachtet sie von der Terrasse mit dem Fernglas. Drei Frauen – zwei davon im tintengrünen Kleid mit weißem Krägelchen – beugen sich unzählige Male an den Milliardärsabkömmlingen vorbei über den Tisch, wie um eine sehr kleine Schrift zu lesen, gehen um die Sitzenden herum, stehen zwischendurch still und schauen auf sie hinunter – ohne daß er erkennen könnte, was diese Bewegungen bedeuten. Den Tisch kann er nicht sehen, die Mauer verdeckt ihn, die Mauer, die den ganzen Berg eingrenzt.

Er geht hin zum Hauptportal. Dort stehen zwei Männer im blauen Monteuranzug. Sie sprechen miteinander, er wartet in einiger Entfernung. Der Ältere weist sich durch einen neben ihm stehenden Sessel als der Ranghöhere aus. An der Art der Blicke, die sie tauschen, erkennt er, daß sie ihn bemerkt haben. Ihre Verständigung in bezug auf ihn funktioniert durch dezenteste Andeutung. Der Ältere unterbricht den Blickkontakt, schaut an sich hinunter auf den Asphalt, läßt die Augen nur noch für kurze Momente zum anderen zurückkehren. Der Untergebene versteht, daß sich sein Gegenüber dem Fremden zuwenden möchte. Der Jüngere macht zwei Schritte rückwärts seitlich, sehr elegant geschieht das, mit tänzerischem Bedacht.

Er sagt dem Portier, er wolle die schwarzen Säulen mit den goldenen Kugeln fotografieren, er sei Berufsfotograf, das Motiv begeistere ihn, es sei eine großartige Skulptur. Er weiß, daß der Pförtner Jaime heißt, er hat sich erkundigt, er nennt ihn Don Jaime. Der Ältere lehnt den Titel ab, energisch und sachlich. Don Jaime sei ein anderer, der Beauftragte, der persönliche Vertraute »des Herrn«. Wer der Herr ist, versteht jeder von selbst; seinen Namen zu nennen ist nicht üblich. Einen Namen hat jeder. Es werde gewiß keine Probleme geben, aber der Beauftragte müsse erst gefragt werden, sei jetzt aber nicht hier, komme wahrscheinlich morgen.

Am nächsten Tag kommt er mit seinem Ausrüstungskoffer. Der Beauftragte sei gerade in einer Gesellschaft und deshalb jetzt leider nicht zu sprechen. Er möge am Montag wiederkommen, dann zahle Don Jaime die Angestellten aus, um elf. Er kommt um zwölf. Wieder stehen die beiden Männer beisammen, die er beim erstenmal angetroffen hat. Ja, sagt der Pförtner listig, der Beauftragte sei gerade dabei, Geld zu verteilen. Auch der Jüngere scheint die Feststellung, heute gibt es Geld, aufzunehmen wie den Satz, heute machen wir aus Spaß etwas Verbotenes. Ihre Freude hat einen Schuß vom Unrechtbewußtsein diebischer Freude – gemildert diebisch, wie es diesem Rahmen zukommt –, als sei es nicht ganz ohne Frivolität, sich für das Amt, dem Herrn das Leben angenehm zu machen, bezahlen zu lassen. Der Pförtner geht, Don Jaime zu benachrichtigen, daß er auf ihn am Eingang warte. Er bleibt eine Weile mit dem Jüngeren zurück und betrachtet das Portal, fünf Tonnen Stahl mögen in ihm verarbeitet sein.

Wie das Stück Erde um dieses Fischerdorf während der vergangenen Jahrzehnte verändert worden ist, das beginnt er zu ahnen, als der Jüngere seine Frage, wie alt das Portal sei, zu beantworten unternimmt. Der weigert sich, die Frage anzunehmen, reagiert wie einer, der sagen will, die Frage ist nicht erlaubt, sie ist zu klein. Bei allem Respekt vor dem Besucher. Der Blaugekleidete zündet eine Zigarette an, macht eine Kehrtwendung, sehr langsam, geht einige Schritte, welche die Delikatesse unterstreichen, die die Antwort verlangt – von ihm weg, dreht sich um, schaut ihn an, sehr elaboriert, an dem Anschauen ist nichts gepfuscht. Wissen Sie, über die Geschichte dieses Berges weiß ich mehr als ... dann versteht er ihn nicht mehr, der Mann macht während des Sprechens wieder seinen Daunengang von ihm weg und deutet nach oben, wahrscheinlich sagt er, mehr als es Sterne gibt, oder, mehr als die Sonne Strahlen hat, so ähnlich klingt es. Klar ist jetzt, daß der jüngere Gärtner – in der Hausangestelltenhierarchie vermutlich ganz oben, direkt unterm Pförtner – ausholt zu etwas, was ihm vorkommen will wie ein Vortrag, der nicht zum ersten Mal gehalten wird. Dieser Eindruck vergeht schnell durch dessen Besessenheit, sich in der Erklärung zu bewegen, wie es überhaupt scheint, daß die Beine Teile seines Sprechapparates sind. Der Uniformierte macht ein Pferd nach, das einen Hang hinaufgeht, den Hang zum

Schloß. Sehen Sie, es bildet Schlangenlinien, es geht nicht direkt zur Spitze, hin und her geht es und macht Kehren. Der Mann stapft auf dem ebenen asphaltierten Platz von ihm weg mit zurückgewandtem Gesicht, ein Pferd, das in bequemem Tempo mit den Hufen Kurven in die Steigung klopft. So verlief der Weg von hier zum Leuchtturm, hier, wo Sie stehen, am Portal, fing der Weg an, ging hinauf, an dem Platz vorbei, wo jetzt der Palast steht, auf der anderen Seite hinunter und den nächsten Berg hinauf, wo die Insel aufhört. Dort, wo Sie jetzt den Palast sehen oder die Burg oder das Schloß, wie Sie wollen, dort stand ein achthundert Jahre alter arabischer Turm, bis 1911, einer der Signaltürme, wie sie die Araber gebaut haben, man sieht sie überall auf den Bergen. Die Araber waren sehr intelligente Leute. Sie haben mit Rauchzeichen von den Türmen in kurzer Zeit, schneller als Sie mit dem Auto fahren können, die ganze Insel alarmiert, wenn Piraten oder Eroberer hier landeten. Nur das Telefon ist heute schneller, wenn es funktioniert, was bei dem Touristenbetrieb nicht immer sicher ist. Der Turm hatte keine Öffnungen, keine Fenster, man nannte ihn den Blinden Turm, Torre Sega im Katalanischen. So heißt der Hügel noch immer, und die Straße dort Straße zum Blinden Turm. 1911 begannen die Bauarbeiten. Es gab nichts hier auf dem Berg, nur Pinien und den Turm.

Er wollte zeigen, wie tief er mit seiner Person in die Geschichte des Schlosses hineinreichte, er sagte, ich bin mit der Familie befreundet, die vor siebzig Jahren den Berg an den Vater des heutigen Besitzers verkauft hat; ich wohne in einem Haus von ihnen am Meer, zur Miete. Die feine Reserve des Jüngeren zeigte ihm, daß er einen Fehler gemacht hatte. Jetzt erschien ihm das Wort »kaufen« taktlos, gemünzt auf diese Stätte großer Legenden, Legenden, die in jeder Familie der Insel von Generation zu Generation über den Erbauer weitererzählt werden. Den Finger darauf zu legen, daß die Familie keine Geschichte hatte, das war auf alberne Weise roh; daß er sich gar hineindrängen wollte in einen Zusammenhang mit der Herrschaft durch eine an den Haaren herbeigezogene Verbindung – denn was ist das schon: irgendwann vor siebzig Jahren hat irgend jemand etwas veräußert, jetzt lebt ein Ururneffe von dem, der vermietet ein Haus, und der Mieter aus dem Ausland spielt sich auf mit der vergessenen Immobilienbewegung –, das zeugt von einem durch Geltungssucht bewirkten sittlichen Stumpfsinn.

Er hätte noch mehr sagen wollen. Er verschwieg es; es auszusprechen hätte den Gärtner auf den Gedanken bringen können, er sei nicht nur kein Freund und Bewunderer seiner Herrschaft, sondern sogar von versteckter Feindseligkeit gegen sie erfüllt. Er war nahe daran, seine Geschichte zu erzählen, er mußte sich bewußt zurückhalten. Er schimpfte im allgemeinen viel, auch wenn er keine Wut hatte, Sarkasmus war seine Grundstimmung, aus welcher Freude, Niedergeschlagenheit, Hilfsbereitschaft, Haß und Angst als Inseln herausragten; er war immer zum Nörgeln aufgelegt, besonders dort, wo er Zustimmung erwarten konnte. Es gehörte noch immer zu einer seiner Denkgewohnheiten, anzunehmen, daß jemand, der für einen anderen arbeitet, dessen Feind sei, auch ohne es zu wissen; er muß es dem Arbeitenden nur nachweisen, dann hat er nicht nur die Freuden seines Lasters genossen – seine kritische Energie verschaffte ihm Einfälle, die ihm wegen ihrer satirischen Treffsicherheit in seinem Bekanntenkreis Haß eintragen und wachsames Amüsement –, er hat durch sein Eintreten für den sozial Schwächeren auch einen Freund gewonnen. In dem Gärtner trifft er auf etwas Unheimliches, das ihn zwingt, vorsichtig zu sein. Da stößt er auf eine Macht, die ist mit Argumenten nicht niederzuzwingen, die wird durch Beweisführungen von Old Charlie aus Trier feindselig. Der Tischblumenschneider des Herrn ist unter den Kellnern Europas, die im Winter bedient werden, ein Herr; die Bereitschaft des Señor, im Park Peseten blühen zu lassen, kennt keine Saison.

Er sehnt sich nicht nur ein bißchen nach Verleumdungshilfe, er möchte die Verbrechen, auf denen das Schloß errichtet worden sein soll, auch aussprechen, wenigstens die Spuren über seinen Rachen ziehen, die jene Frevel in der Sprache hinterlassen haben. Er bedauert, daß er nicht mithelfen konnte, die Verbrechen zu begehen, wenn er die grandiosen Folgen betrachtet. Er möchte aus der immerwährenden Erörterung jener sagenhaften Untaten lernen, selbst ähnlich erfolgreiche Unternehmungen zu arrangieren.

Man sagt, der Alte sei nachts angekommen und unerkannt über die Insel gefahren, wenn er sein Schloß einmal einige Tage bewohnen wollte. Er lebte in Madrid, das Schloß wartete, von hoch oben das ganze Jahr auf das Dorf ein Auge habend. Es heißt, der Alte habe sich durch seine kapitale Zielstrebigkeit so viele Feinde herangezogen, daß auf den Wegen zwischen seinen – gut bewachten – Verweilorten seine Verletzbarkeit unkalkulierbar geworden sei. Blut habe an seinen Händen geklebt, erzählte man

sich. Eine der Geschichten, die ihm besser gefiel als die anderen, handelte von der bestellten Versenkung eines der eigenen Schiffe. In den dreißiger Jahren ließ der Kaufmann in Argentinien für hungerleidende Europäer Sand in ein Schiff schaufeln; die große Begabung erklärte die Rieselladung zum Weizen und kaufte sich dafür einen schönen Versicherungsschutz. Auf der Route von Buenos Aires nach Rotterdam wartete ein deutsches U-Boot, der Kommandant riß den Frachter gegen ein Honorar mit einem Torpedo zur Streudose auf. Das Genie der Habgier kassierte die Versicherungssumme für Boot und Phantomkorn.
Es heißt, während der republikanischen Regierungszeit vor der Diktatur Francos habe der Señor eine Zeitlang im Gefängnis gelebt; da war das Vermögen für einen abgeschlossenen Strafvollzug schon zu gewaltig. Der Gefängnisdirektor flüchtete aus seiner tristen Haftanstalt mit der Wachmannschaft erst ins Ausland und dann in ein höheres Einkommen. Die Gefängnisbeamten ließen sich vom Señor begleiten, das war für den ehemaligen Provinzschweinehändler billiger, als untätig herumzusitzen. Die Rente für seine Reiseleiter nahm der Volkswirt den Landsleuten an einem Tag.

Diese Dinge hätte er gerne in Wörtern ausgekostet und sich wieder und wieder bestätigen lassen. Er hatte vor den fünf Tonnen Stahl des Haupttores gelernt, daß die blauen Männer hochempfindliche Antennen dafür mit sich herumtrugen, welche Wörter andeuteten, daß der Urheber sie zu kleinen Hehlern machen wollte. Den Vorwurf des Hehlertums anzunehmen, dazu fehlten ihnen die Beweglichkeit und die Kenntnisse darüber, welche gesellschaftliche Strudel Reichtum verursachen. Er war in einer anderen Lage als sie. Er hatte von Old Charlie gelernt, daß der private Reichtum durch die Herstellung von Armut zustandekommt, daß er die andere Seite derselben Wand ist. Davon gingen die Overallmänner nicht aus. Sie hielten die Existenz eines privaten Schlosses mit großen Parkanlagen und die unabsehbare Serie ihrer Monatseinkünfte für eine Art Gottesurteil, danach kann die Größe – auch die Größe eines Vermögens – mit moralischen Ansprüchen nicht mehr erreicht werden, soll nicht erreicht werden. Vor einiger Zeit, vielleicht vor einem Jahr, vielleicht vor einem halben, hätte er noch gesagt, korrupte Ratten, die den Abfall des großen Ausbeuters fressen; er sagte es nicht mehr.

Der Pförtner zeigte sich befriedigt, daß er den Beauftragten nach drei Tagen endlich sehen soll, der ältere Gärtner hat alles vorbereitet für diese Zusammenkunft, stellt sich neben ihn, sie warten, daß das Treffen gleich losgeht, der Beauftragte hat die Auszahlung abgeschlossen. Der Beauftragte kommt mit dem Auto, das ihm für einen persönlichen Vertrauten eines Milliardärs zu klein ist. Es hat ihn schon immer gewurmt, wenn ein Krösus die Köstlichkeiten dieser Herstellerwelt übersah. Er kannte ein Mitglied der Siemens-Familie mit einem Jahreseinkommen von mehr als drei Millionen Mark, das Geld kullerte aus einigen Produktionsstätten in dessen Bankschubladen, an jedem Tag zehntausend Mark. Der reiche Arbeitslose war verstockt genug, einen Opel-Admiral zu fahren, als hätte der liebe Gott die Firma Rolls Royce für nichts und wieder nichts gegründet.

Er wäre ein sehr viel besserer Reicher gewesen, das merkte er schon an der Musik, die er manchmal hörte, wenn er an der Mauer entlangging, Gebrauchsmusik, wie sie aus allen Boxen zu hören war, anstatt daß sie sich einen eigenen Hauskomponisten gehalten hätten. Das schätzte er am Vater des jetzigen Herrn, dem harten Kalkulierer, bis zur Sympathie, daß dieser sich für zwei, drei Wochen Sommerfrische im Jahr eine Burg von der Größe einer Berliner Mietskaserne auf eine Kuppe hatte hieven lassen.

Vielleicht war diese Allerweltsblechschachtel, die aussah wie in diesem Jahr die neuen Wagen aller Firmen – ihre Schwäche und Winzigkeit und ihren Fakirkomfort herauskehrend wie jemand seine Dummheit preist, damit man ihm Ehrbarkeit abnimmt –, vielleicht war das Arschaufschmirgelgerät der Siebt- oder Achtwagen der Beauftragtenfamilie und deshalb so klein geraten. Der Pförtner stellte ihm den persönlichen Vertrauten vor. Don Jaime hatte sich aus seiner rotlackierten Folie gekrümmt, stand jetzt aufrecht neben dem Wägelchen wie einer der Leuchtmasten seines Herrn neben dem Tenniszaun, mager, Bürstenschnitt, fünfzig, hundertfünfundzwanzig IQ.

Der Auszahler war von ihm nicht so ergriffen, wie er es gerne gehabt hätte. Er dachte, diese Kinder und Kindeskinder des alten peniblen Menschenausbluters sind gewiß harmlose Vornehme, die werden sich geschmeichelt fühlen, wenn sie hören, daß ein Fotograf von Rang ihre Skulptur ablichten möchte, und ihm entgegenkommen. Zumindest Don Jaime rührte sich nicht vom Fleck. Immerhin hatte der Beauftragte mit dem Herrn über seinen Wunsch gesprochen. Der Herr wußte, daß er hergekommen war und seine goldenen Eier, eingeklemmt zwischen schwarzen Säulen, mit Celluloid festzunehmen gedachte.

Der Bankier wollte wissen, aus welchen Gründen das Kunstwerk fotografiert werden sollte. Ist es für eine touristische Publikation – Buch oder Zeitschrift –, eine pornografische oder eine politische? Für Politik, Touristen und Unzucht lasse der Señor nicht zu, daß das Kameraauge sein Parkjuwel sehe.
Er versicherte, daß ihm nichts verhaßter sei als die Ausländer dieses Landes, Parteidisziplin und außerehelicher Geschlechtsverkehr.

Der Pförtner sagte, ich begleite Sie, damit Sie keine Schwierigkeiten mit den Gärtnern kriegen, die könnten denken, Sie seien aus Versehen hier hereingekommen.

Vom breitblättrigen harten Spezialrasengras, wo er sonst an der anderen Seite der Mauer vorüberzugehen pflegte, wenn er Einkäufe machte, schaute er zwischen den einzelnen Aufnahmen hinab auf die zufriedenen Verdammten. Sie belagerten eine kleine Strandregion mit einem offenen Imbißstand und boten ein Bild exotischer Verwahrlosung, Stammgäste des Kieses und der roh zusammengenagelten Bänke und Tische, mit deren Hilfe ein tüchtiger Kleinunternehmer, Guillermo, seinen Brocken aus den kleinbürgerlichen Urlaubsbudgets herauskraulte, indem er im Falsett lachend Alkohol, Pulverkaffee, Salate, Käsebrote und Dienste anbot. Der Eindruck der Verlotterung, der an einem flachen Sandstrand gemildert wird durch eine gewisse Uniformität der Körperhaltungen – die meisten liegen – und durch die Gleichförmigkeit des Untergrundes, wurde vom Gelände stark betont. Die Bucht mit ihrem Kiesstrand – Guillermo hatte einige Tonnen Sand darüberstreuen lassen, Staubzucker auf Haselnüsse – war zu klein für die Zahl der ordnungsgemäß Gammelnden, die sich täglich hier einfanden, um sich Genüsse einzutun, die sie überall in Wuppertal-Barmen hätten bekommen können. Die kleine Bucht bildete einen Halbkessel, zum Wasser offen, sie stieg zu den Seiten allmählich an, auf der einen bis zur Mauer des Schlosses, an ihr entlang führte sein Weg ins Dorf wie unter einem gesenkten Daumen; aus der anderen lief ein Uferpfad an mehreren Häusern, schließlich auch an seinem Haus vorbei. In den flach aufsteigenden Seiten der Bucht, wo Vorsprünge des Kalkfelsens die Steigung mehr oder weniger waagerecht unterbrachen, hatten sich einzelne mit Stühlen und kleinen Tischen festgesetzt. In den Mündungen der beiden Wege lagen sie auf schmalen Bastmatten, sie schauten den gehenden und kommenden Landsleuten in den Schritt, kampierten dort, um einmal in ihrem Dasein auf eine Unterhose emporzublicken, wie in den Sinn des Lebens, so unwirtlich war der Fleck, der die Wegelagerer hinfallen ließ am Beginn der Senke zum Wasser.

Sie sitzen und warten, sie warten auf irgendeine Art der Entlassung. Ihre Nachlässigkeit ist von der Art der Krankenhauspatienten, die vor kurzem das Bett verlassen durften. Bis dahin trinken sie Bier und den grünen Kräuterlikör aus Guillermos Korbflasche. Das Meer vor ihren Füßen liegt ruhig, türkisfarben, verlassen, kein Mensch ist in den Fluten zu sehen, die der Grund sind für den alljährlichen Sommervorstoß aus dem Norden. Sie sitzen hier aus einem Mißverständnis, jemand hat sie am falschen Ort abgeladen. Ab und zu hört er Frauen kreischen, man könnte denken, sie greifen sich gegenseitig an Intimes. Mehrere Paare sitzen deutlich da wie zu Hause vor ihrem Fernseher. Das Programm sind sie selbst. Sie schauen nicht aufs Wasser, sie konzentrieren sich auf ihre Glieder, ihren Bauch – der bei den meisten zu dick ist, Ballone, die an Menschen erinnern.

Sie liegen zu Füßen der Milliarden, um sich an ihre Ohnmacht zu gewöhnen, absolvieren einen Dreiwochen-Lehrgang in der Fertigkeit, sich als minderwertig zu akzeptieren. Sie kommen morgens und gehen abends betrunken zurück, zwischen die dünnen Hotelwände – während der Sonne Hunde vor der Tür des Herrn, unter den von schwarzem poliertem Stein umstandenen Goldkugeln.

Es kommt vor, daß sich mehrere Gruppen vereinigen zu einer Horde. Der Schnaps und das Bier, das sie getrunken haben, laufen zusammen zu scharfer Nächstenliebe. Für solchen Fall kennt Guillermo die Musik-Kassetten, die es seinen Kunden ermöglichen, ihre Gefühle zu hören und sie über das Gehör zu verstärken, bis ihre Stimmbänder mitschwingen. Dann klingen Weisen wie »Heute blau und morgen blau und übermorgen wieder« vielstimmig aus dem Halbkessel, laut vorgetragene klagende Bitten, von denen sie nicht wissen, wer sie erhören soll. Die Witze, die er hört, sind ebenso trist und vulgär wie die, die sich Häftlinge in Gefängnissen erzählen oder Patienten in einem Krankensaal.

Der Pförtner bietet ihm einen Rundgang durch den Park an, schenkt ihm eine Besichtigung der Kostbarkeiten auf dem Berg samt Erläuterungen, das Schloß ausgenommen. Der besser bezahlte ältere Blaumann sagt nicht, diese Plastik ist von dem Künstler soundso, in den Erklärungen bricht der Mann mit Freunden und Familie; der bis dahin integer Scheinende offenbart einen Sprung in der Persönlichkeit, sagt zu einer Wand verchromter mannshoher Rohre, durch die eine Welle von Verbiegungen wandert: Das ist der Llorat; keiner seiner Angehörigen sagt, das ist der Rembrandt, für sie ist ein Werk nicht ein Mensch, ihre Naivität ist da genauer. Sie wandern von Kunstwerk zu

Kunstwerk, Marmor, Stahlbeton mit farbigen Glasklumpen, Chromstahl, Bronze. Das ist der – ein in Spanien berühmter – Ferrer. Das ist der Manacor, sagt der Pförtner, als sollte Stein und Metall als Mensch vorgestellt werden. Der Milliardärsdiener trägt die Verkürzung mit sich herum wie ein Diplom. Der freundlich erklärende Führer beschließt den glyptophilen Pilgerweg an einem großen runden Platz, um den zwei Dutzend alter Olivenbäume stehen, das Laub stahlgrau, der Stamm uralt, tausend Jahre. Der Herr hat die schönsten und ältesten Exemplare der Insel ausfindig machen und ausgraben lassen, mit Wurzelballen groß wie ein Einzimmerappartement. So mancher alte Ölbaum ist bei der Operation draufgegangen, neue älteste mit exakt demselben stahlgrauen Ton wurden aus ihren Jahrtausendstandorten gehoben. Auf dem Platz stehen mehrere bearbeitete Marmorstücke, weiße, schwarze, weißgraue, glatt zum Streicheln; eine Schlinge aus einem Dreitonnenstück weißgrauen Carrara steckt auf einer Stahlsäule mit einem Kugellager am oberen Ende. Der Pförtner dreht den rund polierten Fels mit leichtem Druck der Hand um die eigene Achse.

Sie täuschen sich, sagt er im Selbstgespräch zu einem eingebildeten Deutschen, wenn Sie glauben, die Mauer sei die Grenze meines Grundstücks, weit gefehlt, Zeitgenosse, um zehn Meter und mehr. Die Erde ist aufgeteilt, mein Freund, da gibt es nichts. Meinen Sie, die großen Schöpfer des Eigentums haben Jahrtausende auf Sie gewartet, damit Sie jetzt Ihren Fremdenverkehrshintern vor meiner Terrasse parken? Sie werden nicht geliebt, mein Lieber, da hilft kein Währungsgefälle. Zurück mit Ihnen zu Ihrer altdeutschen Schrankwand, zu Ihren Holzspangebirgen, Ihren Kunstledersitztempeln. Solange ich die spanische Kriegsmarine nicht am Landen hindere, habe ich die Vollzugsgewalt bis zur Wasserlinie.

Bisweilen kleben ihm die Scheusale auf den Vorplätzen, seinen Mauerkronen; am Fuße seiner Mauern sitzen sie, monatelang, murmeln, schreien, grölen, winseln, rülpsen, pissen. Er ist wütend auf sie, weil sie das Haus entwerten. Er sagt zu sich, wenn er die Menschen dort sitzen sieht, wenn ich der Eigentümer wäre, würde ich mein Haus jetzt anspucken, weil es diese Kreaturen um sich duldet.

Von Tag zu Tag gewinnt seine Abwehr an Geschlossenheit und Wirkung. Immer feiner ordnet er die Abschrekkungen an, von den Finten der Aggressoren gesteuert. Er macht die Erfindungen ihrer Aufdringlichkeit durch Gegenzüge wirkungslos.

Er muß nicht nur seine fürchterlich attraktive Bucht freihalten, er hat auch den einen und anderen gemütlichen Fleck zwischen Meer und Terrasse, der es den Flüchtlingen so schwer macht, sich aus seiner Nähe zu lösen, wenn sie einmal – eher durch Versehen – hineingeraten sind. Da gibt es, in den Kalkfelsen hineingesenkt, eine fast viereckige glatte Fläche, einen Freiluftraum ohne Decke, der den ahnungslosen Eindringling mit seinem Reiz erschreckt. Beinahe jeder Passant bleibt davor stehen, starrt hinunter und kämpft mit seiner Habgier. Das beobachtet er mehrere Male täglich. Die Verwahrlosung aus dem tüchtigen Norden will da hineinstechen. Ihre Kundschafter wittern in dem Felsenzimmer ihren Lebensinhalt. Die Begegnung läßt das ganze Elend ihres Lebens in ihnen hochquellen, macht Kinderhausbauglück aus ihrem Unterbewußtsein – der Mülldeponie der Enttäuschungen – zurückkehren. Ihre Körperhaltung zeigt, daß sie einem riesigen Betrug auf die Spur gekommen sind. Die kleine Fläche zu besitzen, drei mal drei Meter, von Kalksteinwänden gegen den ewigen Wind eingefaßt, mit angesammelter Sonnenwärme, das ist von einer Sekunde zur anderen ihre Lebensaufgabe. Wo das Meer rauscht, halten sie alles für öffentlich. Sie wollen sich da einrichten, ganz privat, eine Couchgarnitur aus der Badehose holen und in seinem Steinsalon aufstellen, gegen jedermann abschließen, durch eine Alarmanlage schützen. Das Chambre séparée in der Küste muß es sein, sonst nichts. Der Blick hinunter in die wohnliche Steinbox bringt bei manchen den Glauben an privaten Grundbesitz ins Schwanken. Die felsige Behaglichkeit knapp über den Wellen holt einst Angelesenes und längst aus den Gedanken Verbanntes hervor, lockert ihr rissig-hartes Denken für kommunismusverdächtige Erwägungen. Weil sie ihm – durch die dünnwandigen Hotelkisten angegiftet – gerne das Haus und seine feinen Plätze rings herum gestohlen hätten, fällt ihnen wieder das Wort »Eigentum ist Diebstahl« ein oder – wegen der höheren Ausbildungskosten seltener – der Romanistikumstand, daß das Wort »privat« von »rauben« kommt. Der Hausfriedensbruch im Kopf kann durch den Gedanken an die letzte Sendung Pulverkaffee zu den Ostverwandten beendet werden.

In den ersten Tagen hat er den Betrieb vor seinem Haus nicht verstanden. Er ärgerte sich darüber, daß sich immer wieder jemand vor seiner Terrasse niederließ. Unbekannte grüßten ihn wie einen Neuankömmling, wenn er aus dem Bett kam. Er fühlte sich nach ihrem Winken wie sein Gast, sie warfen ihn aus sich hinaus. Im Laufe mehrerer Tage begriff er, daß er einen Verbündeten hatte, der stärker war als die Schubkraft der gecharterten Düsen – die Gewohnheit des Erdballs, sich fortwährend um sich selbst zu drehen. Sobald die Sonne nicht mehr vor seine Terrasse und auf seinen kleinen Strand feuerte, fielen die Feinde von seinem Grundstück ab wie Hunde von einer leergefressenen Schüssel.

Er machte zunächst verschiedene Fehler, das war unausbleiblich. Er legte eine Decke auf den Boden, auf die Decke ein Kissen. Man hatte ihm einmal erzählt, daß Gäste sich in den Hotels einen Platz am Swimmingpool sicherten, indem sie in der Morgendämmerung aus dem Bett taumelten und ein Handtuch auf einen der Liegestühle legten; dann schliefen sie weiter. Die anderen Gäste erkannten die Handtuchdeklaration an, obwohl sie es nicht gerne taten. Sie fanden sich damit ab, daß ein Liegestuhl verlorengegangen war, den sie selbst gern eingenommen hätten; sie begnügten sich mit dem Zeichen eines Unbekannten, das behauptete, das hier ist mein Platz. Durch Anerkennung der Piraterie schufen sie Ordnung, die auch ihnen das Recht garantierte auf einen Sessel am Wasser vorm Meer, sofern es ihnen gelang, Minuten vor den Konkurrenten aus dem Schlaf zu wanken. Ein Belegungsversuch vor dem Einschlafen der Mehrheit wurde nicht anerkannt; das Recht, das ist das Einverständnis der anderen. Das Herumlungern der Besten.

Er arbeitete mit der heiligen Scheu vor deponierten Handtüchern, um die Umgebung des Hauses stillzulegen. Er brauchte der Sonne nicht vorauszutorkeln, auch hierin hatte er es besser als die Insassen der privaten Urlaubsanstalten. Vor zehn Uhr kam niemand aus dem Dorf bis zu ihm.

Er hatte geglaubt, Kissen und Decke würden für Ordnung sorgen. Das war nicht ganz falsch, die Ordnung beschränkte sich aber auf die Meereskemenate. So mancher konnte sich trotz der Bodensignale nicht mehr aus der Umgebung lösen, lagerte sich neben den Traum oder davor, vor den Einstieg sogar, ihm den Weg versperrend für den Fall, daß er sein Zimmer auch hätte benutzen wollen. Diese teuflischen Riesenmaden krallten sich an seinen Felsen, als wäre er für ihr Wohlergehen verantwortlich; sie schauten zu seiner Terrasse herauf, erwarteten ein Geburtstagsgeschenk. Er fügte den beiden Demonstrationsstücken einen eleganten Bademantel hinzu und zwei Frottiertücher; vielleicht war er nicht deutlich genug gewesen. Wen auch immer die größere Entschiedenheit seiner Textilstimme abgehalten haben mag, Zuverlässigkeit erreichte er damit nicht. Es fand sich immer noch dies und jenes stoische Temperament ein, das seine Zeichenschläge aushielt. Es kam vor, daß solche Leute über dem Kabinett eine Mahlzeit einnahmen und ihm den Zutritt für Stunden unmöglich machten. Dort saßen sie und kauten, es wird nicht lange dauern, und sie werden nach dem Käse auch den Kalkstein mit ihren Zähnen angehen. Der Verzehr von Lebensmitteln auf dem Küstenstreifen vor seiner Terrasse bedeutete eine gewaltige Verschärfung der Feindseligkeiten. Das Kauen auf fremdem Besitz, das Auswikkeln von Wurstwaren, Käse, Brot, Äpfeln oder Weintrauben, das Hervorziehen von Getränkedosen waren nicht nur eine Demonstration unangebrachter Gelassenheit und Gleichgültigkeit ihm gegenüber, sie waren auch eine Drohung, aus dem Platz vor seinem Haus helle Tupfer des Brotzeitdrecks der sparsamen Nomaden wachsen zu lassen, Papierservietten gar, die sich tagelang auf seinem Gebiet herumtreiben würden, wenn er sie nicht entfernte und sich damit unentgeltlich den Menschen zuordnete, die die Quartalsfaulenzer bedienten; die Marodeure hatten es in der Hand, ihn zu Diensten zu zwingen und den Lohn zu verweigern, wenn es ihm nicht gelang, sie rechtzeitig von seinem Boden zu entfernen.

Er setzte verschärfende Akzente auf die Grundsignale Decke, Handtücher, Bademantel und Kissen: eine Zeitschrift, die er aufschlug wie gerade weggelegt, und eine Sonnenbrille. Er legte seine Taucherbrille daneben, die er vor wenigen Tagen gekauft hatte, ein überzeugender Hinweis, daß in jedem Augenblick jemand an diesen Platz zurückkehren werde; nur wenige glauben, daß man Gegenstände von einigem Wert länger unbeaufsichtigt liegen läßt. Er animierte seine Freundinnen, sich in der Umgebung der Terrasse nackt zu bewegen, wenigstens mit freien Brüsten am Strand zu liegen. Das läßt die Zudringlinge sich endlich wie Zudringlinge vorkommen, als hätten sie einen Schritt in ein fremdes Schlafzimmer getan.

Die Zahl derer, die dem ausgefeilten Anschein standhielten, ging zurück, verschwand nicht. Der Glaube an die herrlichen Kräfte privater Verfügungsgewalt über Teile der Erdoberfläche griff bei einzelnen immer noch nicht, sie bedurften stärkerer Sakramente. Er stellte auf den Platz, der die meisten Knie einknicken ließ und die meisten Ärsche festhielt, einen Sessel, legte eine Decke darüber, auf die Decke ein Buch. Mit dem Sonnenweg kroch das Zentrum der Anziehung von der Nähe der Steinstube weg zu einem anderen Punkt. Der Sessel mußte am Nachmittag neu gestellt werden, wenn seine Aussage nicht an Glaubwürdigkeit verlieren sollte.

Er stattete insgesamt vier verschiedene Plätze in Hausnähe mit dem Gespensterleben aus und entdeckte so eine neue Kunst. Er lernte die Tatsache tarnen, daß er – abgesehen von gelegentlichen Damenbesuchen – am Meer allein lebte. Er inszenierte Spuren von Ereignissen, die nie stattgefunden hatten. Er vervollkommnete sich in der Fertigkeit, die Illusion zu erzeugen, daß zu jeder Minute eine Horde junger, sportlicher Menschen von einiger Bildung, Kinder und Erwachsene, aus den Räumen des Hauses hervorbrechen und sich über die Umgebung verteilen wird.

Er beginnt mit dem Werk gleich nach dem Erwachen. Vor Sonnenuntergang trägt er die Requisiten des lebhaften Phantombetriebes ins Haus zurück. Er hat den Abbau der Reviermarkierung auf drei Gänge über die Treppe herunterrationalisiert, auch wenn an manchen Tagen einiges hinzukommt, ein Fußball, ein Sonnenschirm, eine halbvolle Wasserflasche, Gläser, ein Stuhl aus Leichtmetall, Schreibhefte – er vertraut bei dieser Art Publikum auf die besondere Abschreckungskraft von Intellektualität. Morgens vor zehn Uhr legt er die Illusionsköder aus. Er bemüht sich, durch wechselnde Anordnung auch jene zu täuschen, die nicht zum ersten Mal durch sein Terrain ziehen. Er blättert das Buch täglich um, nach einigen Tagen ist es »ausgelesen«, er tauscht es gegen ein anderes. Er wechselt die Handtücher, verändert Art und Anzahl der Journale, stellt mit Wasser oder Tee gefüllte Gläser auf, verteilt an einem Tag Taucherbrille, Strandschuhe und Schwimmflossen über den Kiesstreifen, am nächsten ersetzt er sie durch ein Fernglas und ein aufblasbares kleines Schlauchboot, Dinge, die der Hauseigentümer zum Teil für seine große Familie in der Garage aufbewahrt.

Seine Zeichen müssen auch in einer logischen Beziehung zum Wetter stehen. Ein Sonnenschirm, der bei dauernd bedecktem Himmel aufgespannt bleibt, und darunter liegende Sonnenschutzmittel können bei einem, der das Strändchen mit Begehrlichkeit beobachtet, einen Glaubwürdigkeitseinbruch auslösen und anstacheln, sich mit Freunden und Familie den Kies zu nehmen, möglicherweise für Wochen. Wer in diesem von legalen Plünderern übersäten Territorium eine ruhige Fläche am Wasser entdeckt, dem wachsen Flügel der Schamlosigkeit.

In den ersten vier Wochen hat er die Buchstaben der Geisterschrift draußen liegen lassen, Tag und Nacht; morgens war er hinuntergestiegen, hatte die Botschaft umformuliert und sie nochmals ein wenig redigiert am Nachmittag.

Ein Morgen ließ sich anders an als die Morgen zuvor. Bei seinem vier Wochen alten Blick in die kleine Bucht hinunter kriegte er einen Schlag gegen die Brust. Auf dem kabbeligen Wasser hüpften die beiden Korbsessel auf und nieder, die sonst vor der Terrasse standen. Er wurde so wütend, daß ihn die Wut schmerzte, weil er nicht damit rechnen konnte, jemals jemanden zu finden, an dem er sich würde rächen können. Er schimpfte, schrie Unflätiges, zappelte hilflos schreiend an seinem Zorn. Er entdeckte auf dem Weg nach unten, daß alles fehlte, was zu seiner Familienleben-Kulisse gehörte, ein Tisch, zwei Schaukelstühle; vom Strand waren Sonnenschirm, Liegematten, Leichtmetallstuhl, Handtücher und Kissen verschwunden. Es war ein Griff ziemlich weit in ihn hinein. Neuere Berichte von französischen Landeignern kamen ihm in den Sinn, die Einbrecher oder Menschen, die sie für solche gehalten, mit einer Jagdflinte erschossen hatten. Seine Phantasie hängte sich sofort an die Vorstellung, wie er sich ein Gewehr beschaffte, er erlebte die Schwierigkeiten bis in entlegene Details; wie er Nächte auf der dunklen Terrasse verbringen und auf jemanden warten würde, der ihm die Sitzgruppe vor der Terrasse ins Meer würfe, damit er ihn endlich mit einem Jubelschrei – den er für einen Schrei der Empörung halten würde – niederschießen kann. Das Verlangen, jemanden zu ermorden, wurde so heftig, daß es ihn quälte. Er kam sich minderwertig vor, weil ihm das passiert war. In der Garage fand er ein Eisenrohr, er stellte es neben sein Bett, als hätte das nicht Zeit gehabt bis zum Abend. Auf dem Grund entdeckte er einige Stücke seiner Rüstung, tauchte nach Handtüchern und Kissen; der Sonnenschirm, der Tisch und die Schaukelstühle blieben verschwunden. Einen Sommer davor hatte er einige Wochen in Kärnten gelebt, in einer ehemaligen Bauernkate, die der Besitzer oberflächlich aufgeputzt hatte, um sie an Urlauber zu vermieten; vor dem Häuschen hatte der Kleinbauernsohn einige Jahre früher eine Blautanne gepflanzt. Im letzten Winter, kurz vor Weihnachten, hatte ein Unbekannter den jungen Baum einen halben Meter über der Erde abgesägt und mitgenommen. Die unteren Zweige waren noch da, bildeten einen flachen Korb. Er erlebte, wie ein Ast des Stummels sich nach oben bog, Wipfel werden wollte, »die Führung übernahm«, wie sich der Ableser des Elektrozählers ausdrückte. Nach einigen Wochen konnte er sehen, der Ast machte eine Zeitlupenerektion durch. Der schrecklich Verstümmelte fand sich mit der Katastrophe nicht ab, wollte werden wie früher. Er spürte etwas Neues sich in ihm regen, das ihn an die sonderbare Vitalität der Blautanne erinnerte, als er sein Schaufenster wieder herzurichten begann. Während er sich von den Spuren der Gewalttätigkeit befreite, verlor der Gedanke an Mord seinen Zauber.

Er schleicht um ein bestimmtes Haus im Dorf, der Postbote hat ihm Straße und Hausnummer genannt. Er wartet bis zur Dunkelheit, er möchte nicht beobachtet werden beim Umkreisen einer Erinnerung; sie ist fünfzehn Jahre alt. Er fürchtet Nachbarmoral und Rechte eines Ehemannes. Der Gatte ist nicht mehr im Haus – auch das weiß er vom Postboten –, sitzt mit einer ehemaligen Touristin hinter Fensterläden auf der anderen Straßenseite, besitzt ein Hotel. Das Haus der Frau liegt an einer Kreuzung. Aus der anderen Seite, einer Haustür, schräg gegenüber, kommt Licht und Musik; an der Hauswand steht zweisprachig »Hier spricht man auch Spanisch«. Er meidet den Lichtschein, der über die Kreuzung streicht. Die blaulackierten Tür- und Fensterläden sind seit Tagen geschlossen, die Ritzen, von denen er gelbes Licht verlangt, bleiben dunkel.

Er schreibt ihr einen Brief. Liebe Francisca ... ich bin der Deutsche, den Du einmal zum Tanzen aufgefordert hast vor fünfzehn Jahren. Es stört ihn nicht, daß sie jetzt über vierzig Jahre alt sein muß. Er schaut in das Gesicht seiner Erinnerung einige Falten hinein, da ist sie immer noch begehrenswert. Ihre größere Erfahrung ist aufregender, als es dieselbe Glätte der Haut wäre. Sie wird nicht in einen anderen verliebt sein, das denkt er, nicht bei dieser Nachbarschaft auf der anderen Seite einer spanischen Straße: ihr Mann als patriarchalischer Komplize.

Einige Tage später kommt Antwort, Leinenpapier, linkisches Spanisch, keine Zeichen, in die er die Satzteile einhängen könnte. Er legt die Beute vor sich hin. Ißt einen Satz. Steht auf, geht zur Terrasse hinaus, dort einige Male auf und ab. Er kostet aus, was der Satz mit ihm macht. Wie sollte ich mich nicht an Dich erinnern? schreibt sie. Er genießt das »Du« wie einen Kuß, sie haben nicht mehr als fünf, sechs Sätze miteinander gesprochen. Ich habe Deinetwegen die größte Tracht Prügel meines Lebens bekommen. Ihre lebhafte Erinnerung an ihn überrascht ihn, er hatte sich das gewünscht.

Er hat fünfzehn Jahre nichts von ihr gehabt, außer Träumen; er war fünfzehn Jahre nicht mehr hier gewesen. Sie ist bereit, »freut sich darauf«, ihn zu treffen, heimlich, es soll niemand davon erfahren, schreibt sie.

Sie hatte mit ihrer Kühnheit die ganze Gemeinde vor den Kopf gestoßen. Ihr Mann, der, wie man sagt, in der Zeit des spanischen Bürgerkrieges ihm seit Kindheit bekannte Bewohner des Dorfes – eines sehr kleinen Dorfes damals –, fast Nachbarn, erschossen hat – nicht während einer kriegerischen Auseinandersetzung, der Achtzehnjährige führte einen privaten Krieg in der faschistischen Konjunktur, schoß auf Menschen, die in den von Faschisten kontrollierten Gebieten wegen ihrer politischen Ansichten als Freiwild galten –; dieser Mann, für Hinrichtungen und politische Tollwut später bezahlt mit dem Posten des Bürgermeisters – auf dem er energisch gegen private Ansprüche der reichsten Gemeindemitglieder, auch gegen den Gemeindegast mit Park und Schloß, gemeinnützige Fehden anzettelte (er sieht jetzt aus wie ein arg mitgenommener Wolf, mit Narben und knappen Siegen, ein starker Nehmer, wie es im Boxsport heißt) –, dieser Mann hätte Francisca kostenlos umbringen können. Jeder, der mit dem Einverständnis von Francos Leuten Richter geworden war – seit dem Tod des greisen Massenschlächters sprechen sie Recht nach den verhedderten Richtschnüren des parlamentarisch-demokratischen Königreiches –, hätte dem Gatten bewiesen, ein Opfer seiner ermordeten Frau geworden zu sein. Er ahnte nicht, daß eine Frau mit solchen Möglichkeiten auf ihn zutrat, als er an der Säule lehnte und die Tanzenden beobachtete. Dieser selbstmörderische Wahnsinn machte sie nachträglich großartiger, schöner, begehrenswerter.

Es war ein Abend im Dezember, im Winter gab es noch keine Ausländer. Das Dorf war unter sich, ein gebrochenes Dorf schon, in das mitteleuropäische Nierentischchen ihre ersten Krater rissen. Es regnete seit Wochen. Er kam sich nach ihrer Aufforderung schöner vor. Er begriff, daß ihre Handlung für spanisch-franquistische Verhältnisse etwas unerhört Verwegenes war, sie mußte an jenem Abend an der Grenze zur Raserei entlanggesegelt sein. Niemals wird er ihren Blick vergessen, es war der Blick, von dem er immer geträumt hat und von dem er noch manchmal träumt. Ein Blick, in dem Begehren und Mut heiraten, ein Urblick, der alles andere ausgeschieden hat, der einem zum ersten Mal sagt und die Menschenmenge ringsum nicht achtet: Komm, ich will dich. Und über den auch ein Schatten Unsicherheit schwelt. Er verliebte sich in sie, als er verstanden hatte, daß sie ihn, den Fremden, bat, mit ihr zu tanzen. Er hatte nicht gemerkt, daß man etwas von ihm wollte, er war ins Zuschauen versunken.

Er lebte während jener feuchtkalten Wochen allein in einem unheizbaren Haus mit Zementfußboden, mit Asseln und Spinnen. Bett und Decken waren klamm, er zitterte vor Kälte, bis er die Laken mit seinem Körper gewärmt hatte. Von den vielen einsamen Nächten war er für die Schönheit und Courage dieses Weibes empfindlich geworden, wie ein Mensch, der gerade erwacht. Während sie tanzten, hoffte er, sie würde mit ihm durchbrennen, auf der Stelle. Er litt unter dem quälenden Hunger nach einer Liebesgeschichte, war wild auf Wahnsinnstaten; einen Ehemann in den Selbstmord treiben, die Mutter von ihren Kindern trennen, Familien auseinanderreißen – das war das wenigste, wozu er bereit gewesen wäre. Er verstand, daß sie mit einem bestimmten Menschen in dem Lokal einstmals die Ehe eingegangen war. Der Mann schaute über die Paare hinweg, wie angestrengt nachdenkend. Minuten nach dem Tanz verließ der Herausgeforderte die Bar mit Francisca in deutlicher Eile.

Wochen später traf er sie auf der Straße. Er ergriff sie am Arm, wollte sie küssen. Sie erschrak, machte sich frei und eilte von ihm weg. Er verfolgte sie bis an ihre Gartentür, bat sie, fast rennend, um eine Verabredung. Sie hat ihm nichts mehr gesagt.

Er klopft an ihren Fensterladen, die Spalten geben endlich das helle Gelb her, er löst im Inneren Geräusche aus, geht um das Gebäude zur Vorderfront, zu Terrasse und Eingang. Ihr Gesicht ist nicht deutlich. Sie begrüßt ihn lebhaft, wie einen alten Bekannten. Er denkt, sie verwechsele ihn mit jemandem, steigt die drei Stufen zur Terrasse hinauf und geht auf sie zu, wie einer, der kein Spielverderber sein will. Er will nicht sagen, daß sie sich irrt. Die Frau, die ihn ins Haus bittet, ist von der Vergangenheit in dieselbe Form gerüttelt worden wie fast alle älteren Frauen, an denen er täglich in den Dorfstraßen vorübergeht, ohne sie stärker zu beachten als irgendein anderes Straßenzubehör. Kurz, breit, dick, ohne Taille, die Standardausgabe einer jüngeren spanischen Großmutter. Keine individuelle Waghalsigkeit, aus der Menschenfließbandproduktion lokaler Gewohnheiten, der Provinzprägung, auszubrechen, sich selbst zu gestalten gegen die allgemeinen Rüttelabsichten. Sie hatte von ihm und Francisca erfahren und mischte sich ein mit enormer Liebenswürdigkeit.

Er trat ein, natürlich war der Salon die Scheußlichkeit, die er befürchtet hatte, die spanische Variante unserer Versandhauseinrichtungen. Ein Sitzbezirk, der ihn durch seine Gewöhnlichkeit so gefangennahm, daß er ihn ablenkte von der Gewöhnlichkeit ihres Designs. Sie paßte in diesen Dreck. Man sah der Einrichtung an, daß die Frau angefangen hatte einzugehen. Sie hatte sich in einen hellblauen gesteppten Hausmantel gehüllt, wie um stilistische Unklarheiten auszuräumen, wie um Mißverständnisse auszuräumen über die Mode von Lebenseinstellungen, der sie gerade huldigte, der Mode des Todes. Sie saß in ihrem Sessel, als warte sie auf das Sterben. Da hätte er eine Verbindung zu ihr herstellen können, trotz aller Gewöhnlichkeit, aber ihm schien, sie warte auf frivole Weise. Der Haltung, in der sie in ihrer furchtbaren Sitzplastik hockte, fehlte es an Schwermut. Sie schien nicht mehr zu erinnern, wie schön sie einmal gewesen war; das war ihm ihre größte Gemeinheit.

Sie bot Cognac an, etwas anderes hatte sie nicht. Sie trank mit solcher Lust, daß sich ihre Einladung zu trinken zum Vorwand verdeutlichte. Sie kicherte ihm zu häufig.

Sie mußte bei seinem Eintreffen das Licht stark reduziert haben, es war dämmerig in dem Raum, er konnte ihr Gesicht nicht deutlich sehen. Er saß neben ihr; sie schaute die meiste Zeit vor sich hin. Wenn sie es nicht mehr aushielt und ihn einmal betrachten mußte, tat sie es verstohlen, mit verschränkten Armen und einer schnellen Kopfbewegung. Sonst blieb ihr Blick auf den Fernseher gerichtet, der nicht eingeschaltet war.

Während der wenigen Male, die sie ihn anschaut, versucht er, wenigstens ihre Augen wiederzufinden in der blassen fleischigen Wüste von Gesicht. Sie kichert und wendet sich ab. Wenigstens ihre Augen sollen ihn noch einmal faszinieren, ihm ihre Identität mit Francisca glaubwürdig machen. Man kann ein bißchen Francisca in die trüben Tümpel hineinsehen, wenn man will – wie sehr will er –, viel ist es nicht. Neben ihm sitzt eine fremde Person. Er fragt sie nach ihrem Leben aus. Sie klagt nicht, ihre trockenen Antworten zeichnen eine Lebenskatastrophe. Sie besitzt nichts, sie arbeitet nicht – es gibt keine Arbeit für sie, und sie hat nichts gelernt –, das Haus gehört ihrem Mann; der Mann zahlt ihr monatlich einen Betrag, von dem er sich nicht vorstellen kann, wie sie davon lebt. Sie hat keine Freunde, keinen Liebhaber; ihr Mann würde sie beim geringsten Fehltritt aus dem Haus werfen und die Zahlungen einstellen. Bleibt der Cognac. Der ist in Spanien nicht so teuer. Sie sitzt den ganzen Tag im Haus, geht nur mal einkaufen.

Es ist ihm gar nicht so recht, daß in ihm Mitgefühl aufkommt für die Frau. Du warst so unglaublich attraktiv, sagt er. Ja, sagt sie nüchtern, das ist vorbei. Du bist vollkommen verrückt und ahnungslos. Der menschliche Körper ist ein Wunder, erklärt er ihr, bewußt eine Vorlesung haltend. Du brauchst in einem halben Jahr keine Ähnlichkeit mehr zu haben mit dem Menschen, der du heute bist. Das ist keine Vermutung von mir, das ist eine wissenschaftlich gesicherte Tatsache. In einer Woche schon kannst du der Francisca, die ich kenne, ähnlich sein. Der Körper reagiert sofort. Du muß nur aufhören zu trinken. Es gibt Garantien, daß du wieder so unglaublich schön wirst wie früher, wenn du nur willst. Du bestimmst, wann du die schönste Frau der ganzen Umgebung bist. Du allein. – Er hätte sie gerne dazu gebracht, gemeinsam mit ihm seinen fünfzehnjährigen Traum von ihr in die Wirklichkeit zurückzuholen. Eine Diät hätte genügt, und sein Glück wäre wiedergekommen.

Sie wollte nicht mehr schöner werden. Es gefiel ihr, daß er von einer Frau schwärmte, auf deren Identität sie sich einiges zugutehalten durfte. Wenn du dich nur ein bißchen zusammennimmst, wickelst du den Ort um den Finger. Alle werden sie hingerissen sein von dir. Und jetzt, wo die Sozialisten im Rathaus sitzen ... Ah, machte sie wegwerfend, mein Mann gehört zum Parteivorstand dieser Sozialisten. Es hat sich nichts geändert außer den Bezeichnungen. Nach einer Pause: Ich muß dankbar sein, daß ich hier wohnen darf. Dein Mann lebt mit einer anderen Frau. Vor Gericht ... – Wer bezeugt das? Die haben alle Angst vor ihm. Der Gedanke, für sich ein Gericht zu bemühen, kam ihr so abwegig vor, daß sie amüsiert vor sich hin lächelte.

Francisca, rief er ungeduldig, als könne er ihre frühere Form mit Appellen aus ihrem Talg herausklopfen; als wolle er sagen: Bitte, werde wieder mein Traum. Ihm schien, in ihren Blick sei etwas wie Autorität geraten, die Mitleid mit ihm empfand.

Er nahm sich vor, das alternde Weib zu verführen. Er stand auf, zog sie an der Hand aus ihrem ordinären Sitzmonument. Solange man mit dem anderen noch nicht liegt, produzieren Umarmung und Kuß im Stehen die größte Deutlichkeit, ob man miteinander liegen wird oder nicht. Im Nebeneinandersitzen kann man schwindeln, Unlust mit technischen Schwierigkeiten kaschieren. Das Stehen schafft die Körpersprache, die jeder versteht.

Eine Geschichte hat dieses Wissen aus ihm herausgezogen. Jedesmal, wenn er eine ins Stocken geratene Situation in Bewegung zu bringen versucht, fällt ihm ein, wie es das erste Mal funktioniert hat.
Wie zwei riesige Passagierdampfer standen sich die Berliner Häuserblöcke in der Xantener Straße gegenüber, wo er vor einigen Jahren wohnte, nicht weit vom Kurfürstendamm. Er lebte mit einer Freundin im dritten Stock, in einem großen Zimmer an der Straßenfront. Sie hatten seit einigen Monaten ein Kind. Gegenüber, in Augenhöhe, wohnte eine junge Frau mit hüftlangem rotbraunem Haar. Die Entfernung zwischen ihm und ihr war so groß, wie sie zwischen zwei Ozeanriesen auf hoher See zu sein hat. Er sehnte sich bald nach ihr. Er schaute hinüber bis sie das Licht löschte.

Die Frau, mit der er lebte, verbrachte die Nacht in einer

Bar. Verwaltungsstellen öffentlicher Angelegenheiten nannten es »arbeiten«, was sie dort tat. Sie ließ sich von Trinkern einladen, vertilgte von Beruf eine teure Sorte Whisky. Sobald sie ihre Geschwindigkeit zum Alkoholismus verlangsamte, geriet der Wirt in Panik, fürchtete, es würde am Ersten nicht mehr zum Bezahlen der Lokalmiete reichen, er erinnerte sie an ihre Arbeitnehmerpflicht zur Überflutung ihrer Leber mit hochversteuerten Destillaten. Sie kam in den Morgenstunden wieder, rechtschaffen wankend.

Eines Tages kehrte er gegen sechs Uhr früh von einer nächtlichen Zecherei zurück. Er trat auf den Balkon, die junge Frau lehnte sich weit aus dem Fenster des Schwesternschiffes, das Haar floß an der Außenwand hinab. Es wurde hell. Er winkte zu ihr hinüber. Sie lächelte. Mit dem Winken war er noch an die Grenze seiner Kraft gegangen, jetzt gab er ihr durch große Bewegungen der Arme zu verstehen: Ich komme hinüber! Ja? Sein Mut freute ihn, er erlöste ihn eine Weile von der Überzeugung, durch Ängstlichkeit in seinen Möglichkeiten beschränkt zu sein, große Brocken Freude aus dem Leben zu reißen, zu den Armen zu gehören aus Feigheit. Sie verweigerte Zustimmung und Ablehnung. Ihr Lächeln hielt sich nicht. Sie warf mit einer Kopfbewegung das Haar ins Zimmer zurück. Es war wie ein Umsteigen auf dem Kai eines Überseehafens, als er die Straße überquerte. Sie öffnete, kaum daß er den Klingelknopf berührt hatte. Außer Atem drang er in die Wohnung der Unbekannten. Er war einverstanden mit Gestalt und Gesicht.

Er sah zum ersten Mal auf seinen Balkon hinüber, auf ihn

hinunter, er hatte nie bewußt wahrgenommen, daß er zu der Attraktion von drüben hinaufzuschauen pflegte. Eine Stunde und noch eine vergingen, dann beobachtete er, wie seine Freundin das Kind auf dem Balkon in die Sonne stellte. Beim nächsten Blick hatte sich ihre Patentante dazugesellt. Die beiden Frauen bewegten sich fortwährend am Kinderbett, immer wieder beugten sich ihre Körper darüber, griffen ihre Hände an den Säugling, an die Wäsche. Es schien unausgesetzt eine neue Notwendigkeit zu entstehen, an der Lage seiner Tochter etwas zu verändern. Dann zog die Freundin das Kind heraus, setzte es sich auf den Schoß, die Besucherin reichte ihr eine Nuckelflasche.

In das Zimmer seiner Gastgeberin drang wenig Licht, die Hausfassade stand im Schatten, die Vorhänge waren geschlossen, er beobachtete sein Heim durch einen Spalt. Der Balkon war vom Licht der Morgensonne überflutet.

Er war müde, das Gespräch strengte ihn an. Er kam seinem Ziel, sich zu der Fremden ins Bett zu legen, nicht näher. Er merkte, daß das lange Sitzen ein taktischer Fehler war. Sie kam bis jetzt nicht einmal in die Nähe seines Sessels; sie blieb, hinter einem niedrigen Tisch, im Bademantel auf der Couch liegen. Der Weg von seinem Sitzplatz zum Fenster brachte ihn ihr nicht näher.

Sein Balkon lag verlassen im Schatten, die Fenstertür zum Zimmer war geschlossen. Nach vier Stunden zeigte sie noch immer keine Nervosität, ihre Stimme klang ruhig, leise. Er hoffte, während er zuhörte und sprach, daß sie ihm ein deutlicheres Zeichen gebe, als ihn in ihrem Zimmer zu dulden. Er dachte »dulden«; den Gedanken, sie warte darauf, daß er sie verführe, konnte er nicht großwerden lassen in sich, dazu hätte sie ihm mehr entgegenkommen müssen. Wieder war es die Zwangsvorstellung, das Verlangen nach ins Sexuelle gesteigerter Freundlichkeit ginge nur von ihm aus und sie lasse sich sein Werben gefallen, die ihn lähmte und im Sessel festhielt. Plausible Gründe für solches Gewährenlassen konnte er sich nach Belieben ausmalen: Langeweile, er verstand es, Umworbene aller sozialen Schichten und Intelligenzgrade zu amüsieren; in anderen Fällen mochte es zynische Männerfeindlichkeit sein, die ihn zappeln ließ; manche mochte sich geschmeichelt fühlen durch die Ausdauer, mit der er warb. Seine Freundinnen wunderten sich immer wieder darüber, daß er nicht merkte, wenn sich eine Frau für ihn interessierte. Willst du nicht mein Blindenhund sein? fragte er sie, wenn die Rede darauf kam. Er merkte es nicht, weil er es nicht erwartete. Viele hielten ihn für einen schönen Mann, er hörte es öfter von Männern als von Frauen; je intelligenter die Frauen, um so eher sagten sie es ihm. Er hörte es stets mit einem Gefühl der Dankbarkeit; er sagte sich, also doch, ich habe es eigentlich ja auch geglaubt. Er war von der Überzeugung, zum Mißerfolg bei Frauen verurteilt zu sein, außer bei denen, für die er sich nicht interessierte, durchdrungen bis in den Kern. Wenn man erlebt, wie mühselig es ist, eine Frau zu erobern, sagte er sich, scheint gutes Aussehen bei vielen keine Rolle zu spielen. Sicher mißlangen ihm manche Avancen gerade wegen seines Äußeren, es löste bei manchen Frauen die »paradoxe Reaktion« aus, die sie sagen ließ, jetzt erst recht nicht, sonst bildet er sich zuviel ein; dem laufen genug andere Weiber hinterher, mich soll er nicht auch noch auf seine Strichliste setzen können, der »Kerben-Freak«. Seitdem er wußte, daß er diesen Mechanismus auslöste, kehrte er Unbeholfenheit und Bescheidenheit hervor; er empfand seinen Blick dann – einverstandenermaßen – als treuherzig. Damit erreichte er auch nicht alle, verfehlte vielleicht mehr, als er gewann. Indem er Unsicherheit demonstrierte, machte er die Partnerinnen sicherer, sich nicht. Oft entstand Begierde bei ihm erst dadurch, daß jemand ihn begehrte. Er hätte in eine Scheide nicht einzudringen vermocht ohne die Gewißheit, daß der Kopf, der dazu gehörte, danach verlangte. Ihm blieb der Schoß verschlossen, der sich nur dem Geld oder der Gewalt öffnet.

Er ging mit angehaltener Luft um den Tisch herum, streichelte ihr Haar – sie lag auf dem Bauch –, küßte es. Sie wehrte sich nicht, blieb liegen, als säße er im Sessel. Sie gab keinen Laut von sich, der ihn über ihre Einstellung orientiert hätte. Er atmete flach, sie sollte nicht merken, wie aufgeregt er war. Atemnot zwang ihn, zu seinem Platz auf der anderen Seite des Tisches zurückzukehren. Das wiederholte er einige Male, bis es ihm vor Gleichförmigkeit nicht mehr gut aussah. In ihrem Verhalten änderte sich nichts. Die Aufgabe, zu der er in qualvoller Einfallslosigkeit vergeblich die Lösung suchte, verlangte von ihm, auf elegante, wie natürlich sich ergebende Weise über die Liebkosung des Haars hinaus zu kommen. Er war gelähmt von der Vorstellung, der wichtigste und unabdingbare nächste Schritt dazu wäre gewesen, sie auf den Mund zu küssen. Sie blieb während all der Zeit auf dem Bauch liegen, er wagte nicht, sie umzudrehen, wie behutsam auch immer, es kam ihm zu plump vor. Auch bestand die

Gefahr, daß sie sich dem Gedrehtwerden widersetzte. Das hätte ihn entmutigt, vielleicht sogar zu Unrecht.

Ihm fiel keine Lösung ein. Mit der Zeit wuchs seine Sorge, sie könnte mit stärkerer Ermutigung so lange an sich halten, bis die Betonhand der Müdigkeit sich ihm auf die Hose legen würde. Er stand auf und verabschiedete sich. Es war offensichtlich, daß sie auf der Couch liegenbleiben wollte. Während er ihr die Hand reichte, fiel ihm die Lösung ein. Der Abschied selbst war die Lösung. Er zog sie an beiden Händen von der Liege zu sich heran. Jetzt ergab es sich ohne motorischen Pomp, jetzt war es legitim. Nachdem sie seinen abenteuerlichen Besuch akzeptiert und fast einen halben Tag mit ihm verbracht hatte, brauchte er eine Ablehnung nicht zu fürchten, wenn er von ihr verlangte, beim Auseinandergehen zu stehen. Die Trennung nach dem langen gemeinsamen Morgen legitimierte einen Kuß auf den Mund und schuf moralischen Raum für einen Zungenkußversuch. Die Pose des Abschieds rückte ihm ihren Schoß näher; nur eine Weltfremdheit, die er nicht mehr ernst zu nehmen brauchte, könnte sich empören, wenn er mit leichtem Druck gegen ihr Schambein ihre weitere Bereitschaft erfragte. Am frühen Abend, als lachsfarbene flache Sonnenstrahlen die Vorhänge erreicht hatten, verließ er ihr Bett.

Er wollte wenigstens das Gespenst seiner Erinnerung beschlafen, einen Friedhof ficken, in dem die Leiche Franciscas steckte. Es war ihm nicht klar, was ihn reizte. Wahrscheinlich wollte er über das anziehende Bild seinen Ekel schütten, um es los zu sein. Der Degout vor ihren schwingenden Hüftballen, ihren enormen hängenden

Brüsten – mit ihrem natürlich niemals trocknenden Faltenschweiß darunter – und ihrem von patriarchalischem Terrorismus und der Essenz vergorener Trauben demolierten Gesicht –, nicht zu reden von den Keulenhieben für Geruchs- und Tastsinn, die noch zwischen ihren Schenkeln hervorbrechen mochten – würde ihm helfen, damit fertig zu werden, daß ihm Francisca nie gehört hat.

Ich gehe, sagte er. Er rechnete nicht damit, daß sie lange widerstehen würde. Sie kicherte und entwand sich energisch. Er hielt sich an ihrem Gesicht fest. Ihr Körper krümmte sich gotisch von seinem Mund. Er wußte, er würde sie nicht lange halten können, wenn sie sich weiter so wehrte. Er setzte auf schamlosestes, feuchtes, glitschiges Spiel mit Lippen und Zunge und hoffte, einen Schub sexuellen Verlangens in ihr einzuschalten und ihre rösche Abwehr umzuwandeln in gekeuchtes Preisgeben der Mundhöhle, in bockbeiniges Anklopfen des Venusknöchels. Die flinken Künste seiner Schleimhäute brachen sich an ihrem zahnvergitterten Schrund. Er mußte sie entkommen lassen, um ihr nicht Gewalt anzutun. In einem Winkel der Sala griff er nochmals nach der wuseligen Roulade, sie machte ihren gotischen Bogen, wie ein Hund Männchen macht. Er vergalt es ihr, indem er von ihr abließ, als hätte ihn der Schlag getroffen. Sie nahm ihn sich und biß ihn in die Lippen. Sie stieß ihn von sich.

Er sah jetzt eher, daß er auch mit dem Bild Franciscas unbehelligt würde weiterleben können. Er trennte sich von dem Sarg seiner Phantasie mit einer artigen Verbeugung. Sie wirft ihm noch einen Happen Versprechen hin, will ihn besuchen. Man wird sehen. Fünfzehn Jahre sind erledigt.

Es wird an einer großen Genugtuung für ihn gebaut. Ein Triumph wird vorbereitet für ihn, wenn er ihn auch nur kurze Zeit wird genießen können.

Der Eigentümer des Hauses hat aus seinem Heimatdorf eine Gruppe von Bauarbeitern geschickt, einen Maurermeister mit einem Lehrling und zwei Gesellen. Der Auftraggeber kennt den kleinen Bauunternehmer seit vielen Jahren und hat Vertrauen zu ihm; ein Handwerker aus dem Touristenzentrum wäre teurer und in seiner Arbeit vielleicht nicht so sorgfältig. Jeden Abend fahren die Maurer ins nächste Dorf, sie übernachten in einem leerstehenden Haus, das einer Tante seines Vermieters gehört. Es ist schon so lange unbewohnt, daß man im Inneren Spinnenwebennetze knisternd zerreißt, wenn man die Haustür öffnet. In den Räumen stehen Möbel, die vor zwanzig Jahren zuletzt benutzt worden sind; auf den Betten liegen unberührte Tagesdecken; in einem Zimmer unterm Dach steht ein Schreibtisch, an dem kann man nur im Stehen arbeiten oder auf einem Barhocker sitzend. Einmal hat ihm sein Freund, der Vermieter und Auftraggeber der Bauhandwerker, eine Sichel geschenkt, die auf dem Dachboden herumlag, eine grindige dünne Stahlkurve mit winzigen Zähnchen und einem Holzgriff, der von den vielen Schattenjahren seiner Nutzlosigkeit grau geworden war. Mit der Einrichtung des Hauses könnte man Antiquitätenhändler in Narren verwandeln. Dort schlafen die Männer, die ihn jetzt täglich besuchen.

Eines Morgens klopften sie an, wollten elektrischen Strom von ihm haben und Wasser. Der Meister händigte ihm einen Umschlag aus von Climent, dem Hauseigner. Climent pflegte witzige Briefe zu schreiben, mit einer krausen Sorte von Intelligenz. Botschaften von ihm brauchte er nicht zu fürchten, obwohl Climent als Vermieter die stärkere Marktposition hatte. Die Briefe fingen etwa an: Meine Großmutter hat mir immer gesagt, Regenwürmer werden in der Hölle keine Schlittenhunde... Am Schluß der Nachrichten kam meist etwas heraus, was ihm guttat; es waren Papiere, auf denen keine Forderungen geschrieben standen.

Climent ist ein wohlhabender Mann, der sein Vermögen trägt wie Sackleinen; man hätte in Tränen ausbrechen mögen, wenn man ihm zuhörte, über seine Häuser auf der Insel, seine Apotheke und sein weit und breit angesehenes und profitables biologisches Untersuchungslabor – durch welches er sich stets über die Blutzusammensetzung der Insel auf dem laufenden hielt –, weil die Familie ihn mit diesem ganzen Mist davon abgebracht hatte, in Ruhe darüber nachzudenken, was das alles bedeutet mit dem Am-Leben-Sein. Im Dorf hatte man eine Straße nach seinem Vater genannt, der einstmals an dem Stehschreibtisch mit seinen zwei Dutzend Schublädchen Hunderte von Heften vollgeschrieben hatte mit Nachdenklichkeiten. Climents Vater war durch seinen Beruf den topografischen Umständen nach in einer besonders günstigen Position zur Ausübung des Tiefsinns gewesen. Als Leuchtturmwärter dirigierte Vater Miguel den Nachtverkehr vor der Insel, von seinem eigenen Grund und Boden aus, genauer, seinem Felsen. Der Alte holte gleichsam jeden Abend den Leuchtturm aus der Hosentasche und machte die Schiffe in der Finsternis von seiner privaten Eilandspitze auf sich aufmerksam. Der Vater hatte den Ostzipfel vom Großvater geerbt. Der Großvater den Inselbug eingetauscht gegen einen Leiterwagen. Bevor die Bleichen aus dem Norden hier abgeworfen wurden, war Fels nichts wert; etwas Weicheres wäre nicht Ostspitze der Insel geblieben. Meist pflegten damals die Mädchen die harten Ufer zu erben, nur das zählte, aus dem etwas zum Essen heraustreibt. Seit die Profitrate der Meeresnähe die der Erdkrume überholt hat, ist es umgekehrt, jetzt erben die Frauen das Weiche, den Jungen kommt das Harte zu. Einige Quadratkilometer nutzlosen Felsens zu erwerben, mit nichts weiter drauf als dünnen krummen Pinien, die die Ohren anlegen vor dem Wind, das war eine philosophische Leistung des Großvaters gewesen. Seither sind die Köpfe in der Familie größer geworden, Climents Hutweite ist nicht immer vorrätig.

Es dauerte nicht lange, da kam jemand von einer ganz anderen Gattung großer Denkkraft, der bestätigte, daß der Großvater recht gehabt hatte mit seiner Bewertung des teuren Leiterwagens und der großen unverstandenen Steine am Mittelmeer. Jener Jemand wollte einen Berg vom Großvater kaufen. Darauf steht jetzt das Schloß. Vor zehn Jahren – da war Enkel Climent schon über vierzig – zahlte die Familie des »sechstreichsten Mannes der Welt« die letzte Rate für den Berg ab. Sie reichte für die Petersilie einer Drachenkopf-Mahlzeit.

Wer …

… sein Vermögen wie Sackleinen trägt, genießt seinen Reichtum für sich allein. Die anderen, die ihr Vermögen wie Samt und Seide tragen, lassen ihre Umwelt an ihrer Freude teilhaben, und sie geben ihr Geld ebenso gerne wieder aus, wie sie es eingenommen haben.
Wie auch immer, den einen macht es mehr Spaß, Geld einzunehmen, den anderen, Geld auszugeben.

Er stieg die begehrten Berge manchmal zum Leuchtturm hinauf. Von dort oben ist das Meer sehr viel größer, mit kilometerlangen Schlieren, er kann sich kaum losreißen von der Gewalt der Entfernung. Nachts stößt das Schloß Lichtschreie aus, sobald es von den Fingern des Leuchtfeuers berührt wird.

Climent verkauft ein Stück Berg immer, wenn ihm bares Geld fehlt zu einer Unternehmung oder für einen Wahlkampf – die Autonome Sozialistische Partei der Inselgruppe hat ihn zu ihrem Kandidaten für den Senat aufgestellt. Mit dem Linksruck ist ein neuer Ortsteil entstanden.

Mein lieber Freund, schrieb der Erbe des Inselbürzels, meine Großmutter hat immer gesagt, wer lange schläft, der braucht, wenn er ein Haus baut, doppelt so viele Steine wie die anderen, die Hälfte fürs Haus, die Hälfte für die Ohren. Wir schätzen und lieben Dich, Du sollst es gut haben. Vor allem sollst Du nicht schon um zehn Uhr morgens aus dem Schlaf gerissen werden durch die gutturalen Havarien in den Schnapskehlen der umherstreichenden zercharterten Menschen. Ich habe deshalb den Meister, der Dir dieses überbringt, gebeten, die zweite Hälfte der Bausteine um Deine Ohren herum aufzuschichten, von Deinem Bett so weit wie möglich entfernt, das heißt an der Grundstücksgrenze entlang, und fünf Meter von den Markierungssteinen unserer teuren und bis jetzt unbesiegten Kriegsmarine mit den schwerfälligen Schiffen und den so leicht lenkbaren Kapitänen.

Anfangs fürchtete er, sie könnten ihn durch ihre Gegenwart zwingen, Gewohnheiten aufzugeben oder ihn einschränken, indem sie seinem Leben zuschauten. Er redete mit weinerlicher Stimme in die Sprechmuschel der öffentlichen Kabine, bat Camila, Climents Frau – dem Freund wagte er damit nicht zu kommen –, den Maurern bestimmte Verhaltensrichtlinien aufzutragen. Sie sollten nicht von ihm verlangen, daß er sie nach Feierabend eine der drei Duschen im Haus benutzen lasse; sie sollten ihn nicht um Trinkwasser bitten, solange er sich für sie unsichtbar im Haus aufhalte, er werde sich sehen lassen, um ihnen die Möglichkeit zu geben, ihn anzusprechen; sie sollten überhaupt das Wort nur dann an ihn richten, wenn es unumgänglich sei. Ich weiß, Camila, das klingt befremdlich, du darfst mich nicht mit einem normalen Menschen vergleichen, ich habe große Probleme. Aber hört nicht auf, mich zu mögen.

Er ließ die Läden der Fenster und des Eingangs an der Seite des Hauses, wo sie arbeiteten, an der meerabgewandten Seite, während der ersten Tage bis zum frühen Nachmittag geschlossen, verließ das Haus über die Terrasse und die Treppe zum Ufer hinunter. Er kehrte den Arbeitenden den Rücken des Hauses zu. Er glitt von Raum zu Raum und beobachtete sie durch die Spalten der Fensterläden, näherte sich ihnen in Streifen. Sie teilten sich ihm durch ihre Bewegungen mit wie durch Wörter. Ihre Körper überredeten ihn, ihr Gefährte zu werden.

Sie erinnerten ihn, daß man Körper anders tragen kann, als er es von den vorübergehenden Fremden kannte. Deren dünkelhafte Schwerfälligkeit öffnete ihm die Augen für die Eleganz der Zementmischer.

In den ersten Tagen ist eine Spitzhacke ihr Hauptwerkzeug. Mit dem dreieckigen Eisenblatt, befestigt an einem Holzstiel, kratzt der Meister die Erde vom Kalksteinuntergrund. Einer der Gesellen scharrt mit der Krampe Sand, Kies oder Zement in einen Behälter aus schwarzem Gummi mit großen Henkeln. Wer genauer hinschaut, erkennt an der Außenwand der hüpfenden Gußschüsseln Muster von Korbflechterei. Vor fünfzehn Jahren haben Bauarbeiter Sand, Kies oder Bauschutt in Henkelkörben aus Palmfasern geschleppt. Die Kautschukgießer waren außerstande gewesen, sich während des schnellen und billigeren Gummiflusses vom langsamen und teureren Flechten zu lösen, wie die ersten Autobauer sich nicht von der Kutsche zu lösen vermochten; so sieht man ägyptischen Säulen die Herkunft aus gebündeltem Bambus an; am korinthischen Kapitell wollen die Akanthusblätter seit zweitausend Jahren nicht verwelken; manche öffentlichen Gebäude der wilhelminischen Ära schämen sich ihrer Ziegel und verbergen sie unter zyklopischen Steinquader-Attrappen, als wären sie immer noch Burg.

Er fand in ihrem Tun keine Gewaltakte, das heißt keine Ungeduld. Während er sie beschattete, erzogen sie ihn: Er lernte, und er genoß die Veränderung, die er durchmachte: Er begriff, das Arbeitsprinzip der Handwerker ist ein Lebensprinzip. Ein großer Teil ihrer Arbeit bestand darin, Sicherheiten für den Erfolg zu schaffen. Sie überließen nichts dem Zufall. Mit diesem Geist kann man den Mond zum Würfel schleifen. Er verstand die Geburt der Wissenschaft. Pedanterie ist die Grundlage. Zufälle ausschalten mit der Strichliste und aus purer Pedantenwut immer neue Zufälle entdecken – das ist der Gelehrtengeist. Der

Erfolg wird nicht herbeigebetet, herbeigesehnt, herbeigeschwitzt, er fällt heraus aus lauter Vorbereitungen, wie der Ameise das Sattwerden herausfällt aus erlaufenen Mindeststrecken. Nur die Sanftheit von Professoren kann den Erdball kaputtkriegen. Durch nachdenkliches Stillsitzen hämmern sie die Kontinente nieder. In ihrer Behutsamkeit werden wir verglühen.

Der Maurermeister scheut nicht davor zurück, die Anziehungskraft unseres Planeten zu Hilfe zu nehmen. Als die Schnüre mit dem Senkblei – nach längerem Hin und Her in eiserner Sorgfalt – richtig hängen, zeigen sie von allen Seiten des Grundstücks ins Erdinnere. Wenn die Mauer fertig ist, wird sie auf dem Anwesen stehen, als sollte mit ihr ein Segment aus dem Globus gestochen werden wie aus einer Pampelmuse, ein sechstausend Kilometer hoher Obelisk, ein sechstausend Kilometer langes Haar.

Er wendet bald an, was er von den Gelehrten der Steine und Erden lernt. Die ganze Länge der Terrasse – dreißig Meter – und die Breite sind begrenzt von einer gemauerten Brüstung. In ihrer Krone ist ein Hohlraum ausgespart und mit Erde gefüllt worden, darin wachsen Geranien. Er hatte die Blume in deutschen Kästen bisher verabscheut. Diese liebte er. Er wußte den Wandel nicht zu erklären, wahrscheinlich hatte er die über Balkone geschütteten Farben immer nur von weitem auf fremden Brüstungen gesehen, kleinbürgerliche Architektur hatte die subtile Schönheit der Dolden seinen Augen verleumdet. Sein erster Gang nach dem Aufstehen führte ihn an den Pflanzen entlang. Er zupfte die welken Blätter von den Stengeln, hatte das Gefühl, er verschaffe den Gewächsen Erleichterung; äugte mit mittelständischer Genugtuung auf Ansätze neuer Blüten, die sich aus dem Knospengrün wie ein Blutstropfen vorschoben oder – bei helleren Arten – wie die erregte Eichel eines jungen Katers. Zwischen den knotigen Stauden der Pelargonien standen traubengrüne Halme, spitz und flach wie Miniaturnachbildungen von Schwertern. Es gab, an anderen Stellen, streng getrennt, außer den leuchtenden Klingen eine zweite Art von Halmen, sattes Grün wie Fichten, rund und sich biegend wie Peitschenmaste, wie Schnittlauch. Camila und er wünschten nicht, daß die Zierpflanzen von den hellen Säbeln und den dunklen Peitschchen gezwungen würden, etwas von den Nährstoffen im Humus abzugeben; sie hatten entschieden, zu den Gräsern »Unkraut« zu sagen. Er rupfte die Parasiten heraus, sie rissen über der Wurzel ab. Aus Ungeduld hoffte er, die Wurzeln würden absterben und er hätte die Säuberung hinter sich. Die Geraniengrüfte füllten sich in Tagen mit den zweimal grünen Trieben. Er kaufte eine Handhakke, dreieckiges Blatt auf der einen, zwei Zinken auf der anderen Seite. Die Erdoberfläche war hart, war viele Monate nicht bearbeitet worden, an manchen Stellen leicht vermoost. Bevor es sich so ergeben hatte, daß die Fachleute der Besonnenheit ihm mit ihrem Beispiel vorangingen, ihm moralisch einen neuen Weg zeigten, schlug er die Eisenspitzen in die Kruste wie in den Kopf einer Kreuzotter. In den Fingern, die das herumliegende Grün über die Brüstung warfen, lagen einige Male gichtig-knorrige Ersatzteile von Pelargonien mit einem oder zwei frischgrünen Blättern. Die Spuren seines Mangels an Zartgefühl, die ihn auf seiner Handfläche überraschten, lösten in ihm den Wunsch nach Selbstbestrafung aus; er mochte sich eine Weile nicht mehr. Er litt so stark unter der Sucht, schnell fertig zu werden, daß er das Jäten einige Male aufgab. Immer wieder passierte ihm das, es gab kaum eine Tätigkeit, bei der ihm die Ungeduld nicht den Atem nahm. Es war ihm nicht gegeben – weder durch Erziehung noch durch Aussichten –, sein Tun zu genießen. Er vermochte sich nur selten auf das Leben einzulassen. Er hüpfte darüber hinweg, ein flacher Kiesel, der über ein glattes Wasser in schwindenden Abständen dahinsaust.

Wenn er aufsteht, will er gewaschen sein, sich nicht waschen. Während der Zeit, die er im Bad verbringt, ist das Leben abgeschaltet. Eingekeilt zwischen seinen Hantierungen wartet er auf die Sauberkeit der Zähne und auf den künstlichen Mundgeruch. Was macht man mit nach Lavendel riechenden Achselhöhlen im Leben? Wenn seine Zehen zum Essen appetitlich aussehen, was ist dann? Wer nicht sagen kann, der Sinn des Lebens ist, sich zu kämmen, sollte sich umbringen, es sei denn, er möchte abwarten und hofft, daß er den Sinn des Parallelisierens der Haare eines Tages erkennt. Waschen, Essen, Schuhputzen, Knöpfe annähen, Einkaufen, Kochen, Abstauben, Abwaschen – Räume des Todes, die aus dem eigentlichen Leben herausgeschnitten sind. Er rasiert sich für nichts, wenn er von dem bißchen Hoffnung absieht, eine Frau könnte vorbeikommen und wegen seiner glatten, gepflegten Haut mit ihm das Weiterbestehen der Menschheit garantieren wollen bei von Hormonen garantierter Unfruchtbarkeit. Alles zusammengerechnet blieben nicht viele Lebenszwischenräume. Auch haben sie nur den Wert von Ablenkungen, weil sie ohne Zusammenhang sind. Wenn er aus dem Bad kommt, brüht er einen Tee. Wenn er den Tee getrunken hat, was ist dann? Er gießt Kaffee auf, zwei Tassen. Was ist dann? Er empfindet die Kaffee- und Teetrinkerei als groben Unfug, den er zwanghaft wiederholen muß.

Er kann das nicht aushalten, wenn er die Handgriffe der Lebenseinleitungen nicht bald zum Lebensinhalt macht. Er muß alle diese Tätigkeiten in Religion verwandeln und mit liturgischer Pedanterie betreiben, das Einfädeln der Schnürsenkel, es darf zwischen den Ösen keine Verwindungen geben. Mit den Wimpern die Erde berühren. Man muß sich beschmutzen, damit man aufwacht.

Er fühlt sich krank. Er will da wieder heraus. Vor lauter Lebensunlust wird er sich noch Krebs in die Eingeweide holen oder zerstreut in ein rollendes LKW-Rad stolpern. Er ist nicht larmoyant. Er schaut über das Meer und wartet auf Gefühle, denkt, wenn jetzt die kurzhaarige brünette Rundfunkjournalistin mit den wiegenden Hüften unter ihren dünnen Baumwollkleidern hier wäre, wäre alles in Ordnung.

Er sehnt sich manchmal nach einem Korsett wie ein Leben im Lager, im Gefängnis, beim Militär, in einer russischen Strafkolonie. Ich wäre dann eine Ameise, sagt er sich, aber eine glückliche Ameise; er ist überzeugt, daß er in einem Kollektiv schnell zu Ansehen käme. Jetzt verfaulte ihm der Salat im Kühlschrank, Käse wurde hart wie Holz, Fleisch verwandelte sich in Gift. Er lag vierzehn Tage und länger auf der blanken Matratze, weil er es überdrüssig war, das Leintuch nach jeder Nachtruhe glattzuziehen. Er kannte das Lagerleben aus seiner Kindheit; die Erzieher in den Heimen und Waisenhäusern waren dumm, brutal und ungeduldig, aber das hatte keine Rolle gespielt. Die Lebensfestigkeit, die sie mit ihrem Zwang stifteten, war ihm wichtiger als das fehlende Raffinement in ihrem Umgang mit ihm, in ihren Mahlzeiten und Textilien. Vier Jahre lang hatte er mittags und abends entweder Pellkartoffeln oder Brot zu essen bekommen, Pellkartoffeln mit Margarine oder Brot mit Margarine – manchmal gab es statt Margarine eine breiige Blutwurst –, an jedem Tag, mit einer Ausnahme. Er war im Speisesaal mit hundert Tischen zu zehn Plätzen durch Zufall an einen jener beiden Tische gelangt, die der Küche am nächsten standen. Gegen Ende der Mahlzeit verteilte eine der Ordensschwestern an seinem Tisch zehn Portionen Bratkartoffeln. Obwohl seit jenem Mittagessen dreißig Jahre vergangen sind, erinnert er sich lebhaft an jenen lasziven Überfall auf seinen Gaumen. Es war der Verlust einer Unschuld. Er war nicht abgestützt gegen solch brachialen Wohlgeschmack.

Die tägliche Frage der Lebensmittelhändlerin – das heitere, schöne spanische Gesicht mit blauen Augen unter schwarzem Haar; sie hatte ihm leid getan, weil sie sich erschrocken hatte, als sie einmal durch ihr Geschäftsfenster zufällig Zeuge geworden war, wie er auf der Straße leidenschaftlich geküßt wurde, hatte sie ihn doch eine Woche zuvor mit einer anderen Frau Arm in Arm gehen sehen; sie ließ sich ihre Enttäuschung über seine Lebensführung – was sie für Lebensführung hielt – nicht anmerken, außer der einmaligen Entgleisung hinter der Scheibe, als ihre junge katholische Ehe und ihre Franco-Erziehung sie überrumpelten –, auf ihre Frage: Wie geht es Ihnen? vermochte er nicht zu antworten. Er fürchtete, ihm könne schwindlig werden oder er könnte anfangen, taktlos zu lachen, als wäre ihr gerade der Rock hinuntergefallen. Sie flankierte mit ihren Worten einen blauen Frageblick von unerbittlich wohlwollender Ausdauer. Er war jetzt gezwungen – solange er sich so fürchtete, sich unbeliebt zu machen –, zu sagen, danke, es geht mir gut, und, wie geht es Ihnen?, ohne weniger an interessierter Aufmerksamkeit in seinem Blick zurückzugeben als sie. Daraufhin hätte sie gesagt, danke, gut, es geht halt so, wie immer. Wäre das Dorf eine junge Siedlung in der Tundra gewesen, er hätte die Frage sofort aufrichtig und in erprobtem Umfang beantwortet. Zwischen Gläsern mit bitterer Orangenmarmelade, Suchard-Tafeln, Danone-Yoghurt, Wrigley's Kaugummi, Fanta, Nescafé und Oetkers Fischstäbchen lädt ihn die Frage ein zu einem weiteren, schnellen, kurzen

Rutsch ans Ende. Die Frage muß für ihn die Bedeutung haben, daß einer sie stellvertretend für alle Millionen Landsleute an ihn richtet, es lohnt sich für ihn sonst nicht, darauf einzugehen. Die Nation muß an seinem Befinden interessiert sein.

Mit siebzehn besuchte er England. Während eines Spaziergangs durch einen Park bei Luton begegnete ihm ein Engländer, ein jugendlicher Grauhaariger mit weitwinklig fliegendem Spazierstock. Der Fremde fragte, wie geht es Ihnen? Die Aufmerksamkeit überraschte ihn. Er blieb stehen, während der andere seine flachen Winkel in die Luft hieb. Er dachte darüber nach, warum der freundlich Fragende die Antwort nicht abwartete, er hätte ihm gerne Auskunft gegeben. Sein Grübeln lief auf Sitten-Archäologie hinaus. Auch in England hat man einst die Antwort gemeint. Jetzt will niemand von den Problemen der anderen hören, die Probleme sind zu verschieden geworden. Die Gemeinsamkeiten sind abgesunken, die Frage steht noch da, der Pfeiler eines Gebäudes, das einmal errichtet worden war, damit viele erfahren, wie es ihnen geht.

Heute findet er das geschliffene Desinteresse bequemer. »Muchas gracias« macht es in ihm, wenn die blaue Zuversicht der Lebensmittelhändlerin auf ihn gerichtet bleibt und sie ihn auf ihre gepolsterte Todesrutsche einladen möchte. Wenn sich die Ereignisse auf diese Weise überstürzen und man von ihm mehr verlangt als ein Lächeln, wenn man erwartet, daß er das unerträglich Vorhersehbare aus dem Stand auf sich nehme, drosselt er das Tempo, mit dem sie ihn wieder unnachgiebig liebenswert durch die Zeit fliegen machen möchte; es ist schon fast ein Halt, was er ihr aufzwingt. Er bricht die Antwort auseinander. Haben Sie denn wirklich so viel Zeit, wie ich brauche, um mich mit Ihrer Frage gewissenhaft zu beschäftigen? Damit hat sie ein Ende, die Geisterfahrt. Über ihr Blau geht der Wind. Ich muß viele Aspekte berücksichtigen, finanzielle, gesundheitliche, Beziehungen zu anderen Menschen, Probleme, die meine Freunde haben, mein Stadtteil, mein Land, dann kommt die europäische und die weltpolitische Lage, die ist zu teilen in Geschäft und Kultur, Hurrikans und Flüchtlinge. Sie sehen, allein die Aufzählung der Themen, über die ich reden müßte, dauert seine Zeit. Ich möchte genau sein, Sie ernst nehmen. Und dann sind wir noch immer nicht bei Ihrem Befinden, da gäbe es ja auch vieles zu bedenken. All das ist nicht erledigt mit »Danke gleichfalls«. Sie sagt, Sie sind zwei Philosophen. Das ist sehr viel angenehmer für ihn. Fortwährend muß er sich etwas ausdenken, um den schwarzen Löchern zu entgehen.

Oft steigt die Angst vorm Schneiden von Zwiebeln und Salat, vorm Zerstoßen schwarzer Pfefferkörner und Knoblauchzehen in ihm bis zum Schreckpegel. Nachdem er das Olivenöl in die Pfanne hat fließen lassen – er legt Wert auf die Versicherung im Etikett, es sei kalt gepreßt worden; was mit Hilfe heißen Wassers aus dem Olivenmatsch geholt wird, soll nicht so gut sein, sagt man; er hat noch niemanden gefunden, der ihm den Qualitätsunterschied erklären konnte; was die Leute in sich hineinstekken, sie sollten es wenigstens wissen, ärgert er sich –, während er auf das schlierige Kriechen der Ölströme wartet, das die Hitze anzeigt, die das Fleisch gebührend erschrecken wird, so daß der Gewebesaft keine Zeit hat zu entkommen, hört er das renitente Geschrei des flüssigen Fetts, er hört es schon vorher, während er das Gas anzündet, genaugenommen auch davor schon, er hört das Öl in der Pfanne sich über das Steak aufregen, sobald er sich vornimmt, in die Küche zu gehen, ein Stück Lende zu braten. Die Doppelung des Gezeters in Hirn und Gehör ist einfach ein scheußliches Erlebnis. Er erwägt, ob er sich nicht einen Ohrenschutz besorgt, damit er künftig auf Steaks nicht verzichten muß. Manchmal weicht er zu Guillermos Imbißstand in der Bucht unter dem Milliardärsschloß aus, wo an den Hängen die halbnackten Ausländer lagern wie die Verbrecher und Sünder auf den tiefer steigenden Ringen in Dantes Hölle.

Er bricht die Ausflüge zu den billigen kleinen Mahlzeiten ab, die Lasten sind ihm zu hoch. Er versucht zwar, Guillermo mit einem Scherz in die Schranken zu weisen, er sagt, während er auf den Tresen zugeht, bevor Guillermo ein Wort sagen kann, Danke gleichfalls, es geht uns gut, genau wie mir. Der Imbißwirt erkennt den Einfall an durch ein Falsettlachen, aber der siebzigjährige Kleinunternehmer ist nicht der Charakter, an dem er mit seinem Sprachwerkzeug etwas ausrichtet; seine Wörter greifen bei ihm nicht. Guillermos Kurzzeitgedächtnis ist schlecht, vor den nächsten spanischen Nudeln muß er genau denselben Satz wieder beiseiteräumen, den er schon vor einem Hühnerschenkel, zwei trocken gebratenen Brassen und zwei zerkochten Ferkelfüßchen entfernt zu haben glaubte. Den Schweinszehen hatte der Wirt einige Wirkung auf ihn zugetraut, versicherte ihm, die Deutschen seien ganz verrückt danach; nun, er war es nicht, ihn verlangte nach Fasern, nicht nach Glubber und Glitsch, auch wenn es offiziell reines Eiweiß sein soll. Er zahlte das durchsichtig Farblose und entschuldigte sich mit einer seltenen Eiweißempfindlichkeit. Der redselige Philosoph trifft ihn mit der zehnfachen Wucht des Ölgezeters in Hirn und Pfanne, er begehrt ihn ungeduldig als Zuhörer. Was auch immer er sagt, Guillermo mißversteht ihn so geschickt, daß schon nach dem ersten Satz eine längere Erwiderung von seiner Seite legitim erscheint, dringend erforderlich. Nach jedem Mittagshappen sieht er sich eine halbe Stunde und länger am Tresen stehen und nicken. Er hört nicht zu, während er nickt, er wartet auf das Wort oder die Pause, auf den taktischen Fehler, der es ihm gestattet, sich aus dem Staub zu machen. Vielleicht hat er Glück, und einige verbrannte Halbnackte geben eine größere Bestellung auf, Nescafé, grünen Karaffenlikör, Tomatensalat. Guillermo spart nicht mit der Anrede »Señor«, ihn zu längerem Stillhalten zu verleiten. Wenn auch Schmeichelei nicht hilft, fängt der Alte an zu schreien. Ein Anlaß findet sich immer. Der alte Kleinwirt will seine Worte loswerden und seine Darstellung genießen, da ist ihm alles egal. Er erhebt Anspruch auf die Bewunderung seiner Gaben. Wer wagte es, sich von einem zu verabschieden, der vor Ungerechtigkeit in der Welt schreien muß? Der Dicke läuft unter der weißen, sorgfältig gesträhnten Haardecke rot an, von dem Druck starker Ausdrücke wie »Unverschämtheit«, »Schwein«, »Lumpenhunde«, »Kriminelle« auf den Wangen im Ton roter Beete gefärbt.

Damit hockt Guillermo den ganzen Tag in seinem Leben, der Alte hat es geschafft mit seiner rhetorischen Triebhaftigkeit; hat ihm einen Tag gestohlen, lebt auf seine Kosten. Was für eine Schweinerei ist das, mit Menschen zu sprechen.

Er hat eine Plastiktüte mit Abfällen zu lange am Schubladengriff hängen lassen. Einer jener unbarmherzigen Melder hat sein Versäumnis während der Nacht weitergetragen. Seit langem schafft er eiweißhaltige Speisereste außer Haus, verbrennt sie im Kamin oder schließt sie ein wie wertvollen Schmuck. Er hat in die Ecken ihrer bisherigen Routen Hexachlorepoxioktahydrodimetanonaftalen gestreut. Er sah nicht, wie sie noch hätten in die Küche gelangen können, es sei denn, über die Decke. Eines Morgens glitten sie in einem drei Zentimeter breiten Strom zähflüssig über den Knopf an der Schublade in die Tüte. Die Marschsäule schob sich durch die Länge der Küche, zirka vier Meter weit, unter der Tischplatte hindurch, das Tischbein hinauf und hinunter, über ein Stück an der Wand, wälzte sich über die Brüstung der Zisterne, über deren Innenwand und verschwand in der Dunkelheit über dem Wasserspiegel. Die Tiere kamen über den Plafond der Zisterne – ein gemauerter viereckiger Raum unter dem Haus, aus dem man in der Küche mit einem Eimer Trinkwasser heraufzog; eine Pumpe trieb das Regenwasser in einen Behälter, der auf der Dachterrasse stand, von dort rann es durch die Leitungen; die Rohre waren dem Haus nachträglich eingezogen worden, als das Vermieten an Ausländer und das Wannenbad aufkamen.

Einige Dutzend ruhten bewegungslos auf einer halben Zwiebel, die er auf der marmornen Tischplatte hatte liegen lassen. Es schien, als ginge es der Kommune nicht so gut, als nähme sie vorlieb mit Brot, Zucker und anderer, vorher verschmähter Kost. Eine Tasse mit einem Rest Kaffee-Zucker-Gemisch veränderte die Form. Weniger verendete Vogeljunge in den Pinienkronen, der steile Abstieg der Mottenrate in diesem Jahr, ein reduzierter Kakerlakenbestand müssen sie zu einer Änderung ihrer Lebensweise gezwungen haben. Brot hatte sie bisher nicht gelockt. Er entdeckte beim Studium ihres langen Marsches, daß sich ein Zweig zum Brotkorb abgespalten hatte.

Ein vier Zentimeter breites schwarzbraunes Band klebte an der Innenseite des Zisternenschachtes. Viele werden ins Wasser fallen, fürchtete er. Damit sollte er recht haben, er wird von da an vor dem Aufsetzen des Teewassers braune Krumen herauslöffeln, mit Geduld und List, der auftauchende Löffel treibt sie davon.

Er überlegt, ob er seine Einstellung zu den Tieren ändern, sie als Haustiere, als harmlos und nützlich anerkennen solle. Vielleicht war es ein hauseigener Stamm, wohnte seit fünfzig Jahren in den Ritzen und putzte Organisches aus den Mauern. Wenn er nicht mehr verfolgen muß, geht es auch ihm ein wenig besser. Er sitzt ganz anders auf der Terrasse, wenn er weiß, im Haus ist alles in Ordnung; Abfälle werden auf die diskreteste Weise beseitigt, die sich denken läßt, ohne Lärm, ohne hochtrabendes Gemecker, und kostenlos. Sobald er die Verfolgung aufgibt, fängt er an, ein erwachsener Mensch zu werden. Man muß sich darüber klar sein, es ist Kinderei, Flecken zu entfernen, die sich selbst entfernen, sobald man seinen Abfall zur Mülltonne trägt. Er wünscht sich, daß sie weit schneller verschwinden, findet beim Nachdenken keinen Grund, außer daß er verhärtet ist. Souverän gewähren lassen, was einem nicht gefährlich wird, bringt einem ein bißchen Liebe zu sich ein, öffnet den Blick, läßt die Tücke schmelzen. Die Leute sehen einem so was an, es macht sie freundlich.

Er schüttete ein halbes Pfund Zucker in eine Tonschüssel und löste ihn im Wasser auf. Bevor man durch die Haustür ins Freie trat, durchquerte man eine kleinere Vorhalle. Er pinselte einen zwei Meter langen erigierten Penis auf das Altrosa der Granitfliesen, samt Hoden und Hintern. Durch einen süßen Bindestrich in die Küche schloß er das Gemälde mit dem Ferienautobahnverkehr kurz. Des Brotes und der Tütenmahlzeiten beraubt, befahl ihnen der Hunger, die frivole Absicht auszufüllen und das Wort umzukehren, das vom Brot redet, welches vor Kunst gehe: Erst kommt die Moral, dann kommt das Fressen.

Es war ein langsames Bildmachen mit Individuen, es dauerte einen Tag und eine Nacht. Bis zum nächsten Vormittag verwandelten die Massen das delikate Phantom in unmißverständliche Kundgebung. Die Farbe kam nicht zur Ruhe, das Material hörte nicht auf zu arbeiten, als würde es durch einen dauernden Luftzug in Bewegung gehalten. Das Werk gloste. Er hatte zwischen Eichel und Stamm einen schmalen Korridor nicht bestrichen. Im Laufe der nächsten beiden Tage dunkelte das Bild, das helle Altrosa wurde mehr und mehr verschluckt. Würde die Farbe nicht vorher ausgehen, fragte sich der Maler, bevor das Zuckergemälde zum wimmelnden Scherenschnitt gereift war? Der Streifen hinter dem Eichelkranz hellte auf und bekam schärfere Konturen. Darin tauchten einzelne Farbspritzer auf, verschwanden wieder, es erinnerte ihn an die weißen Flecken, die man vom Flugzeug auf dem Meer sieht und von denen man weiß, daß es Schaumkronen von Wellen sein müssen.

Er hatte es nicht beabsichtigt, das Werk wurde zur Fußbodenbotschaft für seine Besucherinnen. Die Mosaiksteinchen am Eingang pompejanischer Villen warnten vor dem Hund. Die Bewunderung und das Entsetzen von Anna, Irmtraud, Bettina bestärkten ihn in der Meinung, er habe die Kultur der Fußbodenschriften aus ihrer jahrtausendealten Stagnation herausgeführt. Sein Plan war gewesen, die Gemeinde von der Zisterne wegzuziehen an einen Ort, wo er sie bequem mit seinem grauen Hexachlorepoxioktahydrodimetanonaftalen vernichten konnte. Der Erfolg, den er mit seiner Herde kassierte, brachte ihn davon ab, die Lithographie umzubringen.

Sie sieht aus wie eine Indianerin, eine ältere Indianerin mit blauen Augen ist sie, mit einer Stimme, die deutsche Wörter macht, rheinische. Sie stützt sich mit den Ellbogen auf Klausens Theke, einen Unterarm kerzengerade hochgestellt, oben steckt waagrecht eine Zigarette zwischen den Fingern wie ein aufgerichtetes Eisenbahnsignal. Als Schüler erlebt man beim Zeichenunterricht die Wunder bestimmter einfacher handwerklicher Verfahren, man erfährt zum Beispiel den Zauber eines dunkel schraffierten Profils vor hellem Hintergrund; das Frappierende ist die Entdeckung, wie leicht solche Wirkung hergestellt wird, man bekommt vom Lehrer einen Trick geschenkt. So wird Gesichtsbräune um blaue Augen gelegt. Das wirkt immer, ist ein Patentrezept, ein Glücksversprechen, das gegen Falten und Jahre lange glaubwürdig bleibt. Es scheint, daß sie in Begleitung ist, neben ihr steht ein Mann, vielleicht ein bißchen jünger als sie, vierzig vielleicht, braunrotes Gesicht, die Gene haben ihm eine weißgelbe Kappe aufgesetzt. Die Hose ist weißgelb wie seine Haare, das Hemd braunrot wie sein Gesicht. Der Mann ließ vor Langeweile und Überdruß die Lider hängen, die Brauen mußten durch Hochziehen dagegenhalten. Sein Gesicht sagte ununterbrochen vor sich hin »Alles Scheiße«, auf eine Art, die nicht Anteilnahme auslöste, sondern Unbehagen, als könnte man von seinem Anwalt regreßpflichtig gemacht werden für die Trostlosigkeit seines Daseins. Es war offensichtlich, daß der Deutsche keine sinnlichen Gipfel mit der alternden attraktiven Frau zu erklimmen hoffte.

Sie warteten am Tresen wie Millionen von Menschen an Millionen solcher Haltestellen in aller Welt; noch immer war die Botschaft nicht eingetroffen, die ihrem Schicksal die Wende bringen würde.

Manchmal ging der Enttäuschte zum Spielautomaten, in der Haltung eines Reisenden, der sich nach der letzten Meldung einer Zugverspätung erkundigen geht. Der Automat schien dieses Jahr in Mode gekommen zu sein. Unaufhörlich rasselte und brummte er vor sich hin, legte seine Geräuschdecke über alle Wahrnehmungen. Das Gerät ähnelte einer Musikbox, trat man an den Kasten aus Glas und Metall, erstaunte man: mehrere schmale Flächen unter der Glasscheibe waren bedeckt mit reichlichen Gaben an Fünfpesetenmünzen. Das Rasseln und Brummen rührte von einem Motor, der zwei der vier Tafeln hin- und herschob, die den Menschen mit der vernickelten Möglichkeitsform der Bescherung zuwinkten. Wenige, die das Casa Claus betraten, waren stark genug, dem eisernen Wedeln zu widerstehen. Das Material der Auffangschale war so ausgesucht, daß das Gewinnen für jeden im Raum unüberhörbar wurde. Das Scheppern des dünnen Blechs rückte die Gemeinschaft enger zusammen, Fremde beglückwünschten einander. Ein Kracher in der Rinne schien den Wartenden in dem dunklen Unterstand neue Zuversicht zum Ausharren zu geben.

Der eine und der andere Blick der schwarzhaarig-blauäugigen Rheinländerin kam herüber zu ihm, ohne daß der

Signalmast die Weiterfahrt freigab. Er hielt ihr freundlich seine Augen hin und ließ offen, wie er mit ihrem Interesse umzugehen gedachte. Jedesmal, wenn der vom Warten entstellte Begleiter vor den Auskunftsschalter trat, kam ihm der klare Sommerhimmel in ihrem Gesicht zugute. Sein Blick sagte ihr, mach nur so weiter, laß dich von dem Kerl nicht einschüchtern, wenn du dabei bist, dem Tod und dem Alter eine Mahlzeit abzunehmen.

Neue Gäste drängten sich an den Tresen und erwarteten, daß das Paar auf die Seite rücke. So ergab sich für sie ein harmloser Grund, ihm näher zu kommen. Sie erzählte ihm bereitwillig bis zur Ungeduld alles, was er wissen wollte, er brauchte kaum zu fragen. Geschwind beseitigte sie seine Vermutung, sie sei mit ihrem Begleiter glücklich verheiratet, als erwarte sie davon einen Vorteil. Der Ton ihrer Stimme enthielt keine Spur der Genugtuung oder Zufriedenheit. Es war nicht zu übersehen, daß sie in ihn verliebt war. Sie klagte ihm, daß sie schon nach zwei Tagen abreisen müsse. Er sagte, das ist aber schade, weil ihr prüfender Blick ihm zeigte, daß sie auf einen solchen Satz wartete. Dann werden wir uns nicht mehr sehen können, sagte er. Wenn sie widerspricht, dachte er, nehme ich sie heute abend mit. Er fürchtete, irgend etwas an ihr könnte ihn ekeln, wenn sie nackt bei ihm läge. Warum denn nicht? sagte sie.

Pepi, die Frau des Wirtes, hatte ihm etwas Wichtiges mitzuteilen. Mit einem Blick auf die Indianerin: Weißt du, daß wir Nachbarn sind? Ja, wir wohnen keine zweihundert Meter voneinander entfernt. Es stellte sich heraus, daß sie Düsseldorf meinte. Sie hätten sich nie vorher gesehen, an dieser Theke erfuhren sie von ihrer Nachbarschaft. Pepi vergaß sich in einer Kurzweil, die allgemein unter Tierliebe bekannt ist. Es gab an diesem Abend im Casa Claus sechs Katzen, davon fünf junge, die fortwährend dünnen gelben Brei auf die Fliesen drückten wie aus einer Senftube, während ihre kleinen Körper unter Krämpfen erbebten.

Pepis Haupttier war ein Hund. Sie schuftete an seinem Schicksal in rätselhafter Raserei, mit religiöser Härte gegenüber den übrigen Lebewesen des Erdballs. Sie hatte während der vergangenen Wochen kein Glück gehabt in ihrem Hundeleben. Ein riesiges Tier, eine Mischung aus Dackel und Bernhardiner, das wie eine Kommode hinter der Theke herumzustehen pflegte, ein verhätscheltes Hindernis, das vor jedem Einschenken eine Gunstbestätigung verlangte, bevor es den arbeitsplatzsichernden Griff zum Flaschenregal erlaubte, dieser Edelstein war – wie man annahm und wie der Tierarzt bezeugte – vergiftet worden. Hunde werden immer von Nachbarn vergiftet. Zwischen Fischernetzen, Seesternen und Barometer glühte alter Haß auf. Keinem Gast war gestattet, den Tod der nachdenklichen Chaiselongue auf die leichte Schulter zu nehmen. Wer immer während der fünf, sechs Tage nach dem Ereignis Casa Claus betrat, dem zeigte herausfordernde Niedergeschlagenheit an, daß das Haus ungastlich geworden war. Die Augen, denen man begegnete, setzten die Kenntnis vom Unglück voraus und die Verzweiflung des Eintretenden. Während mehrerer Tage war man gehalten, seinen Cuba libre oder Lumumba nicht zum Vergnügen zu trinken, vielmehr, um sich gegen den Verlust Jakobs stumpfsinnig zu machen. Pepi füllte Gläser mit überspültem

Gesicht, sie lehnte sich zwischen den schamhaft geflüsterten Bestellungen an seine Schulter und schluchzte. Er strich ihr übers Haar, der Grund war ihm gleichgültig. Das tut gut, sagte sie, oh, das tut gut.

Lange bevor Nächstenhaß den Familienangehörigen tötete, berichtete Pepi von gewaltigen Darmdingen. Sie hat zu den Vorgängen zwischen Rachen und Rektum von Mensch und Tier eine Beziehung radikaler, bekennerischer Sachlichkeit, die manch freundlich gestimmte Tresenseele überfordert. Im Darm des öffentlichen Hundes hatte sich ein Knochen quergestellt, war steckengeblieben. Die Freßlust schickte erbarmungslos fast drei Wochen lang Schweinernes und Geflügel, gerippte Bronchienrohre von Hammel und Rind, Gemüse, Knochen und winzige, zufällige Brotreste in das Hohlorgan. Die zuverlässige Würgearbeit des Muskelschlauchs warf die zu Dreck verwandelten Köstlichkeiten in Massen gegen den Riegel. Wie sehr der Kot die Wursthaut auch dehnte, die Barriere wollte sich nicht beseitigen lassen. Das Tier füllte sich. Als es die feinsten Kalbssachen ignorierte, transportierte Klaus den gefolterten Drecksack zum Tierarzt und ließ mit X-Strahlen durch ihn hindurchschauen. Die Therapie war simpel und drängte sich auf, man mußte das aufgestaute Material von einem Aggregatzustand in den anderen versetzen, vom festen zum flüssigen, vom verstockten zum beweglichen.

Er dachte, er könne Pepi eine Weile damit glücklich machen, daß er sie aufforderte, den Gästen zu erzählen, wie der Hund gerettet wurde. Der Berner Sennenhund, der Große Berner Sennenhund genauer, war eine Investition fürs Leben, trotz seines kurzen Erdengangs hat er sich für Pepi gelohnt wegen des Erfolges der Geschichte vom Fäkalienwettersturz, den Jakob übers Haus schickte. Mit einem längeren nachdenklichen Blick zeigt Pepi, er hat ihre Gefühle unterschätzt. Ich kann über Jakob nicht sprechen, ohne daß ich anfange zu heulen; ich kann über ihn reden, aber mir kommen die Tränen dabei, ich kann nichts dagegen tun. Er kommt sich frivol vor und fürchtet, er würde auf die Erzählung verzichten müssen. Olivenöl, weint sie und macht eine Bewegung, als pumpe sie waagrecht Luft in einen Fahrradschlauch. Immer rein, immer feste gib ihm. Klaus mußte ihm das Maul aufhalten. Das hat ihm überhaupt nicht geschmeckt, aber der war schon so fertig. Immer rein mit Onkel Otto, vorne, in den Po, zu dritt haben wir gearbeitet, auf den Rücken haben wir ihn gelegt; einer hat die Beine festgehalten, einer den Schwanz, und ich habe ihm das Zeug reingedrückt. Pepi läßt aus einer gigantischen Kanüle Ölfluten schießen. Die Zuhörer am Tresen warten auf das Ergebnis. Bei aller menschenkennerischen Frivolität, Pepi geht es jetzt nicht schlecht. Das Ergebnis ist ein Katarakt, der sich über das Schlafzimmer ergießt. Den Arsch hat es ihm zerrissen, ergänzt Klaus und klopft mit dem Knöchel auf die Theke, Brocken waren dabei, so hart wie das hier. Es wird nicht gespart an Einzelheiten. Der Teppich mußte gewaschen, das Zimmer gestrichen werden. Klaus und Pepi winken den Gästen an der Theke zu wie vor dem Abflug nach Amerika: Mitten in der Scheiße, sagt Klaus, stand er und wedelte mit aufgerichtetem Schwanz.

Zwei Wochen später lag in der Bar ein zwanzig Kilo schwerer Hundeklumpen, ein wenige Wochen alter Gro-

ßer Berner Sennenhund. In den basedowschen gelben Augen des Babys stand eine so alte vorwurfsvolle Untröstlichkeit, als sei der Hundekörper die Verkleidung eines alten Juden, kostbares Resultat einer langen Generationskette von Zuchtadel. Das Riesenjunge wedelte freudig den Knüppel bei Kummer verströmendem Bernstein. Nach einem Monat war es – wie Pepi erklärte – einem neuen Virus erlegen, die Wissenschaftler hatten keine Zeit gehabt, ein Gegenmittel zu entwickeln.
Wieder Pepis geschäftsschädigender Schmerz.

Ein Nachfolger ist zugelaufen, wurde zugeweht, so wenig wog er; wird herumgereicht auf dem Handteller. Am Taschenhund hängen große, dünne Ohren, Löffel aus Leder. Pepi nennt das Tierchen »Jumbo«. Obwohl erst wenige Tage im Haus, hat der Winzling sein erstes großes Verdauungsabenteuer hinter sich. Der kann nicht scheißen, schwelgt Pepi. Aber gestern hat er vielleicht geschissen, sag ich dir. Sie stützt sich lange auf die erste Silbe des Verbs, artikuliert gesch-hissen. Pepi quantifiziert, sagt Maße und Gewicht. Sie öffnet mit Daumen und Zeigefinger eine Strecke von anderthalb Zentimetern und erklärt, so weit sei der Darm herausgetreten. Jumbo, die Hand-Töle, hat den Gästen am Tresen dann mit dem Schwänzchen glückliche Reise gewünscht. Pepis Arm richtet es ihnen aus.

Die Rheinländerin wird ungeduldig, die Geschichten gestörter Würgearbeit des Gedärms verschiedener Hunde bedrohen eine Geschichte, die sie am selben Abend begehen möchte. Sie wetzt ihre Hüften auf dem Barhocker hin und her, wie entschlossen, die Dinge mit dem Fleisch vorwärtszuboxen. Es fällt ihm plötzlich schwer, den Blick von den Rundungen zu nehmen, die sich wie Kuhhörner aus dem Sitz ihres Barhockers wölben. Er betrachtet im Gespräch den Fußboden unter ihrem Hocker, damit er den Weg vor sich hat, den seine Augen an der Schweifung vorbeinehmen müssen, wenn es wieder an der Zeit ist, ihr in die Augen zu schauen beim Zuhören. Er könnte auf diesen Blicksplitter verzichten, wenn er befürchten müßte, dafür eine Strafe zahlen zu müssen. So aber scheint ihm das blasse flüchtige Bild wertvoll und unverzichtbar, er fühlt sich kräftiger und klüger, je öfter er es streift; die Blicke dorthin sind ihm verjüngende Beutezüge.

Ihre Sätze hatten sie ihm erst verleiden wollen. Sie sagt: »Mein Holder« zu ihrem Mann. »Mein Holder hat das gebracht«, sie meint, mit einer anderen Frau im Ehebett gelegen. »Zähne wie die Sterne, nachts kommen sie raus.« »Die Leute sind ja so neidisch. Im Prinzip ist das der reinste Neid. Ich kann das nicht haben.« »Ich bin kein Kind von Traurigkeit.« Statt »das gefiel mir nicht«: »Ein Satz mit ›x‹! Es war wohl nix.«

Allmählich sieht er den Vorteil solcher Formulierungen, sie befreien ihn schnell von seinen Eingangshemmungen. Sie wird ihm Schoß und Hüfte, Schenkel und Brust, Fleisch, Duft und Wärme ausstrahlende Haut; ein Mantel aus Frost und Feuer, der sich locker um ihn legt. Der Körper kann sich solche Worte leisten. Was sie sagt, spielt keine Rolle, es sind Laute, hervorgerufen durch falsche Schaltungen im Kopf. Das ließe sich ändern. Eine große unbefleckte Geilheit wärmt ihn. Er spürt die Samenstränge sich regen, singende Klaviersaiten.

Das Verlangen zieht im fast die Lider zusammen. Seine Stimme möchte heiser sein und belegt. Aber sein Außen hat er im Griff. Wiewohl die Wünsche gegen seine Stimmbänder anrennen, kühl und schlank kommt die Frage aus ihm: Wollen wir zu mir nach Hause gehn? Ich habe einen Rotwein, wie man ihn selten findet. Er spielt Lage und Komfort seines Hauses aus gegen die Zimmerschachtel, in der das Paar übernachtet. Ihre Augen werden schmal vor lustvoller Verschlagenheit. Das Angebot geht über das hinaus, was sie erwartet hat. So weit zu gehen hat sie sich noch nicht mutig gemacht. Sie braucht Zeit, muß sich innerlich erst herrichten für die Antwort. Sie können bei mir übernachten, schickt er noch in sie hinein, beide natürlich. Er möchte noch sagen: In der Nacht ist es kühl, ich mache Ihnen ein Feuer im Kamin. Er zwingt sich zur Zurückhaltung, empfindet, die Häufung von Gründen schwäche seine Anziehungskraft. Der leuchtende und wärmende Scheiterhaufen soll später eingesetzt werden. Er fühlt sich gut, wach und sich jeder Bewegung bewußt; es ist besiegelt, daß er keine Fehler machen wird. Er dosiert Beflissenheit. Für die Eventualität, daß die Übernachtungsofferte ihn weniger begehrenswert gemacht hat, zieht er seine Augen eine Weile von ihr ab, dreht den Körper der Theke zu, wie abgekühlt; gibt vor, aus Pepi weitere Hundegeschichten herausschauen zu wollen. Wenn sie das erträgt, wird er keine Zeit mit ihr verlieren. Auch sein Sich-Zurücknehmen nimmt er zum Teil wieder zurück, indem er sich nach ihr umwendet und sie anlächelt: Es soll nicht aussehen nach Taktik, diese Frau ist ja nicht dumm.

Er möchte in ihr den Eindruck stärken, er liege für sie da

wie ein Geldschein auf der Straße; es hänge nur von ihr ab, ob sie mit ihm nach Belieben verfährt. Erst wenn sie weitere Schritte zu ihm hin getan hat, ihm zusätzliche Hinweise gibt, sie wünsche sich ihre Begierde so stark, daß sie ihr nicht mehr entkomme, erst dann wird er seine Körperhaltung am Tresen wieder ändern und ein wenig den Hunger durchblicken lassen, den er nach ihren Formen leidet.

Sie wartet, daß der Ehemann aus Müdigkeit und Langeweile ins Hotel geht. Sie ist schon oft allein zurückgeblieben in Kneipen, unter fremden Menschen. Heute abend hat der Gemahl Standvermögen, hinter dem die Verliebten Renitenz vermuten. Der Gelangweilte trinkt ein Bier nach dem anderen, Schnäpse zwischendurch, kämpft den Wunsch nieder, nach Hause zu gehen ins Bett. Ihr Lebensgefährte, erzählt sie, ist nicht kleinlich, hat nichts gegen den einen oder anderen Seitensprung und nimmt sich selbst, was er zum Leben braucht. »Man kann doch von einem gesunden Mann nicht verlangen, daß er sein ganzes Leben lang Kohlsuppe ißt.« Aber jetzt ist der Mensch störrisch, dick in Verständnislosigkeit eingewickelt; kann einen kaum mehr anschauen. Der Uneinsichtige wird von den getrunkenen Gläsern eingeholt, verfällt, trinkt schneller gegen den Verfall an. Der von Müdigkeit und Suff Gefolterte macht unter fürchterlicher Anstrengung einen Vorstoß gegen sein eigenes ehealtes Unabhängigkeitscredo, verlangt von der Frau, daß sie ihn zum Hotel bringe.

So leicht ist sie nicht zu übertölpeln. Sie bietet ihm an, ein Taxi für ihn zu holen. Der Weißblonde lehnt das Taxi ab, greift nach unbrauchbaren Argumenten, entwickelt aus

dem labilen Stand eine Theorie, die begründen soll, daß das Fahren mit dem Taxi eine Verschwendung sei und bei dauerndem Mißbrauch unweigerlich zu frühem Tode führe. Die Frau hält entgegen, ihr Mann habe sich noch vor wenigen Tagen mit Befriedigung – die durch keine Nachdenklichkeit zerrüttet war – gegen Bezahlung und reichliches Trinkgeld automobil durch Düsseldorf tragen lassen. Sie ließ sich durch die enorme Unglaubwürdigkeit der neuen Grundgedanken zur Personenbeförderung in ihrer ehebrecherischen Standfestigkeit nicht beirren. »Ich gehe jetzt mit diesem schönen Mann einen Rotwein trinken, einen Rotwein – wie sagten Sie? –, wie man ihn nur selten findet. Du darfst mitkommen, hat der Herr gesagt.« Der legal Eifersüchtige mochte glauben, den Gang der Dinge zu kontrollieren, wenn er seine Frau nicht aus den Augen ließe, und fügte sich, zu weiterem Kämpfen ohnehin zu müde und von dessen Aussichtslosigkeit überzeugt.
Er fühlte sich von ihr am Arm ergriffen und zur hinteren Wagentür gedrängt. Er strich ihr über die Wange und entzog sich. Der zu Betrügende sollte ihn ein bißchen mögen. Überdies lag es nicht in ihrer beider Interesse, den Ehemann neben den Fahrer abzuschieben und durch Provokationen dessen körperliche Reserven zu mobilisieren, durch Ärger wachzuhalten. »Das finde ich schön, daß ihr noch mitkommt zu mir«, sagte er zu dem Paar, er drehte sich im Sitz und schaute beiden in die Augen mit einer Aufwallung von Danksucht, die ihn für einen Augenblick ungemein sympathisch machte. Er registrierte in den Augen des erschöpften Gemahls die ersten Anzeichen zerbröckelnder Feindschaft, aufgebrochen durch feine Wurzelfasern der Hoffnung, der glücklichere Rivale könne während der nächsten Stunden ein Freund werden und

Gnade mit ihm haben. In der Küche nahm er heimlich einen Eßlöffel Olivenöl und hielt sich mit trinken zurück; die wenigen Speisevorräte versteckte er im Gemüsefach.

Er bittet die beiden, sich in Sessel vor den Kamin zu setzen, öffnet eine Flasche Wein, holt Gläser, stellt ihnen ein Tischchen hin, zaubert eine spanische Wand von Geschäftigkeit vor sich auf. Er stößt mit ihnen an, erbarmungslos menschenfreundlich. Er entschuldigt sich, eilt vors Haus, Reisig und Holz zu holen. Es weiß ja niemand, nur er allein, wie lange das dauert in diesem Haushalt, bis das Material zum Anzünden beieinander ist. Er setzt sich auf einen Stein, schaut zum klaren Nachthimmel hinauf, dort arbeiten einige tausend Schweißbrenner; er entdeckt das Atmen. Er beobachtet das Paar durch die Glasscheibe der Sala, läßt den vom Trinken Verwundeten in der Qual so lange wie möglich allein, ohne daß es als Manöver erkannt oder als Vernachlässigung mißverstanden werden könnte. Die mit dem Warten verbundene Langeweile wird den Zusammenbruch beschleunigen. Er entfernt sich immer wieder von seinem Platz vor dem Kamin, wie von Fürsorge für seine Gäste verzehrt, damit nicht zu viel Behaglichkeit aufkomme. Sitzt er längere Zeit in seinem Sessel, zieht er das Wort an sich und redet den anderen in den Abgrund.

Die Frau sitzt zwischen den beiden Männern. Schon vorher, bevor der Ehemann die Lider zuklappte – der jetzt nichts anderes mehr ist als Ehemann, ein Ehemanndenkmal, ein Mahnmal, das von der Gemeindeverwaltung zur Abschreckung von Übergriffen und zum Schutz von kategorischen Behauptungen zur Verfügung gestellt worden ist –, strich er mit der linken Hand über Taille, Hüfte und Schenkel an seiner Seite, beugte sich dabei vor und redete zum Geschlechtsgenossen hinüber, hinter dem ein See von Richtern und Gesetzgebern machtlos stand. Er hockt sich mit der Feuerzange vor den Kamin, bereit, bei der ersten Bewegung der Gattenlider Scheite umherzustoßen; liebkost mit der Linken ihre nackten Waden.

Er spricht zwei Sprachen gleichzeitig. Die Hand bettelt, fleht, betört; die ungeduldig festen Griffe geraten in die Nähe des Befehlstons. Der Stil seines Kehlkopfes ist gelassener, zufriedener Plauderton in einer Lautstärke, die den Respekt vor dem Ruhebedürfnis des Gemahls demonstriert. Keiner der beiden wagt zu flüstern, als würde das den Schlafenden aufschrecken.

Die beiden Sprachen möchten zusammenfließen. Die Finger müssen davon abgehalten werden, die Monotonie der Stimmbänder zu imitieren; Kehle, Rachen und Mund muß er verwehren, zu raunen, zu murmeln, zu stöhnen. Seine Konzentration oszilliert von der Hand – daß sie nicht aufhöre, Erfindungen zu machen – zur Stimme, daß der Ton Veränderungen verschweige. Ihre Geräusche weben an einem gemeinsamen Vorhang, dahinter ihre bis zur Fahrigkeit gesteigerte Erregung zu verbergen.

Die glasharten Fußbodenplatten foltern seine Knie mit Stichflammen; er belastet eine schmerzende Stelle ohne Rücksicht, wenn ein Kuß dabei gewinnt oder seine Hand Neues bieten kann.

Wenn sie auch der näheren Umstände wegen die Schallschwingungen ihrer Wörter von einem bestimmten Mittel sich nicht zu weit entfernen lassen dürfen, so wollen sie wenigstens mit dem Sinn ihrer Worte größere Reisen machen, unter dem Frequenzbaldachin sich mit Wörterbedeutungen in die Hose greifen. Er vernuschelte Vokabeln, baute Sätze aus Brocken, von sonst weiter auseinanderliegenden Wortschatzgegenden zusammen, um die Botschaften den Ohren mit staatlich gefördertem Mißtrauen zu verzerren. »Eine meiner angenehmeren Vorstellungen im Leben zeigt meine Zunge in deinem Mund, dessen Lippen sich schämen sollen oder vor dessen Lippen man sich schämen soll, ich habe das bis heute nicht herausfinden können.« Er zwängte die Lautintimität in den Tonfall des Wetterberichts. »Deine Schenkel sollten meine Ohren polstern« im Sound der Kirchenlitanei. »Das Tal zwischen deinen größten Hügeln soll verrammelt werden, verbaut, gefüllt mit meinem Nasenrücken, meinem Mund, meinem Kinn, sein Bukett soll in feierlicher Prozession die Nasenwege einherziehen bis in die hintersten Winkel der Stirnhöhle«, plaudert er. So gibt es noch einen Spalt in ihm, wie zwischen dem vorwurfsvollen Bernstein und dem fröhlichen Knüppel des Schweizer Hundeadels.

An die großen Schätze unter der Gürtellinie heranzukommen, davor steht das schweigende Monument, dessen Reglosigkeit an die Decke der hohen Sala reicht. Sie wagen nicht, den Raum zu verlassen, jeder Schritt weg von ihrem Platz vor dem Kamin könnte das Gedenkbild stürzen, es auf sie herniederkrachen lassen.

Von innen her werden ihm die Augen heiß. Was frivol an ihm gewesen war, löst sich auf. Die Leidenschaft verwandelt sie in ernste Menschen. Er fühlt sich stark behindert, weil er den Ton seiner Stimme und bestimmte Wörter nicht einsetzen kann. Auf die Verwegenheit seiner Rede ist Verlaß. So kommt er sich tapfer vor, die Wollust wird Tugend. Auf dem Blitze in seine Kniescheiben schießenden polierten Granit führt er einen ehrenvollen Krieg für eine bessere Welt. Der Schlafende erscheint ihm als allegorische Figur, ein Darsteller von Schweinereien. Die Statue trägt ihren Neid wie eine Ordensschärpe, als wäre es ein Verdienst, der Lebensgefährtin das Glück einer Liebschaft zu stehlen.

Die Frau ist Opfer, das er zu retten unternimmt. Die Wade wäre längst halb taub, die Hand steigt mit der Moral. Mit einem Druck in ihre Kniekehle fordert er sie auf, den Körper ein Stück aus dem Sessel herauszuschieben. Er spreizt die Finger zwischen ihren Knien, ihre Schenkel öffnen sich ohne Widerstand. Er schiebt seine Linke in die warme, weiche Schere, bis Textiles den Gliedern der mittleren Finger ein Biwak weist. Nun schweigt sie öfter; auch er macht die eine und andere Pause, um zu verhindern, daß sie ihn für abgebrüht hält.

Seine Körperhaltung ist abenteuerlich. Der erste Blick des schlafenden Freundes muß auf seinen Oberarm fallen, der wie ein Baum unter dem Damenrock hervorwächst, so genau sind die geschlossenen Augen auf den angeheirateten Schoß gerichtet; ein Detektiv, der darauf gewartet hat, daß die beiden Körper unleugbar eindeutige Haltung annehmen. Gleichgültig betrachtet der Gemahl die beiden durch geschlossene Lider. Immer noch hält er den Körper zum Feuer gekehrt, die Rechte hält den Schürhaken bereit, der linke Arm ist nach hinten gereckt, das Gesicht zur Schulter gedreht: Der Blick wacht über die Geschehnisse in den Zügen des Aufpassers. Es ist eine vom Standpunkt der Ästhetik problematische Haltung, er sorgt sich darum, ihre Erregbarkeit könne dem Anblick seiner Verrenkungen nicht lange standhalten. Beim Streicheln sollte man gut aussehen. Er möchte in dieser Positur auch nicht von ihrem Mann erwischt werden. In seiner Figur widersprechen sich – historisch gesagt – zwei Mikro-Epochen. Der den Flammen zugekehrte Part gehört zu einer Zeit, als er noch unfähig war, zu glauben, seine Hand würde innerhalb der Reichweite der Gattenhände in amtlich zugeteiltem Gehege wildern. Jener Zeitabschnitt ist längst vorbei, die Dinge haben sich weiter entwickelt. Er gibt die Position am Feuer auf, sie tarnt ohnehin nichts mehr. Er gedenkt, sie so zu reizen, daß er noch mehr Hemmungen verliert. Ihm scheint, daß sie zu allem bereit ist, wozu er den Mut hat.

Er setzt sich in seinen Sessel, küßt die Innenfläche ihrer Hand; küßt ihr die Fingerspitzen seiner Linken vor; küßt ihren Mund – dabei ertappt zu werden fürchtet er nicht mehr. Ihre Zunge legt von weit größeren Wagnissen los.

»Ich denke, jetzt sollten Sie sich einmal um das Feuer kümmern«, sagt er mit Respekt vor dem Schlaf des Gefährten in der Stimme. Er drückt ihr den Schürhaken in die Hand und steuert sie mit den Fingerspitzen aus dem Sessel auf den Fußboden in die Knie. Weit liegt die Zeit zurück, da seine Augen sich um die Wölbungen herumgestohlen haben. Noch immer muß er sich wehren gegen die Wirkung eines Restes an Gift, das ihn geringschätzen machen will, was er erreicht hat. Es war die Angst, die seinen Blick unter ihren Barhocker drückte, sie könnte ihn für seine Begehrlichkeit strafen. Jetzt, da sie ihn nicht straft, erfährt er in seinem Verlangen für eine kurze Weile eine Bahnabweichung.

Die grandiosen Früchte liegen vor ihm, sagen, nimm uns. Sie sind so schön und verführerisch wie die Kruppe irgendeiner von ihm bewunderten Schönheit, aber weil er es ist, dem sie sich darbieten, werden sie eine Sekunde entwertet. Statt den Körper sofort genießen zu wollen, wird er durch die Schwerkraft seiner Erziehung abgelenkt auf den Genuß des Sieges. Er braucht seine Zeit, seine Sinnlichkeit zurückzuholen aus der lebensfeindlichen Landschaft des Prestiges.

Dieser Doppelglobus, den er vor sich erblickt, verdichtet ihn zu einem Knäuel, der durch und durch aus einem Gefühlsmaterial besteht, er kommt sich ganz eindeutig vor. Alles, was in ihm nicht Sehnsucht nach Berührung des Zweierrunds ist, ist aus ihm hinausgeschmolzen, er hat keine anderen Interessen und Sorgen mehr. Er ist rein. Es ist ihm warm, wie wenn er einen Danksuchtsanfall hat. Er sieht den Hüften an, daß alles vorbei ist, das Leben wird durch sie begrenzt, es gibt keinen anderen Inhalt außer ihnen. Was die Menschen als Welt bezeichnen, als Leben, als Gesellschaft oder als Bedürfnisse, das ist ganz einfach geworden. Es gibt für seine Vorstellungskraft in der Welt keine Katastrophe mehr. Es mag am Horizont seines Verstandes so etwas existieren wie die Notwendigkeit, zu essen oder zu schlafen: jetzt gibt es das nicht, jetzt gibt es keine Notwendigkeit. Gleich ist er angekommen. Er kommt sich wunderbar dumm vor. Er ist selig vor Beschränkung. Dieser Hintern löst alle Probleme, an die er sich erinnert. Die Rundungen lieben ihn.

Er schüttelt über sich den Kopf wie jemand, der zu viel getrunken hat: So einfach ist das, denkt er, so einfach. Ich werde sie jetzt ficken, und wenn sich der andere umbringt. Zurückhaltung wäre jetzt unmoralisch, Rücksicht auf die Ehe ein Sakrileg.

Es könnte ja sein, daß es den Eheveteranen reizt. Nichts muß heimlich geschehen. Auf ihre Waghalsigkeit kommt es an, nur darauf. Er hat sich durchkalkuliert zum Äußersten. Was kann ihm schon passieren? Das Schlimmste wäre, der Mann würde versuchen, ihn zu prügeln – das fürchtet er am wenigsten, er fühlt sich kräftig genug, sich zu verteidigen und ausreichend zurückzuhauen, auch wenn er vor Schlägereien Angst hat. Er fühlt sich nicht behindert durch Scham, rechnet, der Beobachter werde ihn um seine Unverfrorenheit beneiden.

»Das Feuermachen ist eine gute Schule«, erklärt er.

»Eine Schule wofür?« kommt es von unten. Er fragt sich, ob die Verlagerung ihrer Stimme den Gatten nicht wecken wird. »Eine Erfolgsschule. Bis man vom Kokeln zum Prasseln gelangt, braucht man viele Übergänge, anders gesagt, ehe das Feuer ein Stadtviertel niederbrennt, braucht es Zärtlichkeit.« Als Kind mußte er Osterfeuer machen, er sollte morgens um vier einen Haufen Äste entzünden, der drei Wochen im Regen gelegen hatte. Er hat dazu ein Streichholz gebraucht, kein Papier, keinen flüssigen Brennstoff, nur verschieden großes Holz. Man muß es nicht versuchen, aber man sollte bereit sein, Reisig zum Brennen zu überreden. Vom Feuer kann man lernen, wie man sich alle Wünsche erfüllt. Das Prinzip der weichen Übergänge ist ihm so sehr im Blut, daß er zweimal einen schweren Motorradunfall hatte wegen seiner Abneigung, eine Kurve scharf genug zu nehmen. Er konnte lange schlecht nein sagen, wenn er nicht wütend war. Er hatte Angst davor, man könnte sich von ihm abwenden.

Die mittleren Finger seiner Linken erwandern das Tal des Lebens von unten nach oben. Wieder kommt es ihm zum Bewußtsein, wie sehr die Handfläche genießt, wie sehr ihr solche festen weichen Kugelsegmente schmecken. Die Innenhand mit ihrer Sucht verschließt auch ihm jetzt den Mund. Es ist auch die Sucht des Auges; natürlich macht die Beuge selbst keusch-schmale Gesäße sinnlich-rund, aber hier ist es echte Taille, die am Werk ist, ein Einwärts schafft und ein Auswärts; nicht durch Beugungsschwindel die Evolution bescheißt, das heißt in Wirklichkeit kein ausreichendes Becken hat für luxuriöse Vorgeburtsbehaglichkeit. Das hier ist der Luxus, der ihn entsichert, Fötusforderungen in ihm weckt. Wer ihm zwischen Beckenknochen Gemütlichkeit geboten hätte, dem dankt er mit erektiler Verläßlichkeit. Engere Pränatalbehausungen gehen ihm nicht vollständig verloren, er erschließt sie sich durch Vorstellungen von Vorteilen anderer Art. Geld und Geltung besorgen dann manchmal, was sonst ein weitläufigeres Komfortbecken mit ihm macht. Um eine Frau als Genuß nicht verkommen zu lassen, die sich ihn ausgesucht hat, doch nur ein schönes Gesicht, nicht aber das Hüftenheim bietet, geht seine Phantasie einen eigenartigen Weg, er denkt sich dann ein Wort, das Wort »Aufsteckfrau«, »Aufsteckmädchen«, er steckt sich das schöne Gesicht auf.

Er mag sich nicht beschränken auf Wohnungen, in denen man sich wohlfühlt, bevor man auf die Welt kommt. Es gibt Situationen, in denen wird er – wenn er nicht beleidigen will – gezwungen, sich Titel, Intelligenz, ein teures Auto oder eine Villa am Meer überzustülpen, manchmal tun es auch originelle Sätze oder eine Gefahr. Einmal, als er einer Abendbekanntschaft am Morgen, während er auf ihr lag, zum erstenmal ins tagdeutliche Gesicht blickte, wich alle Lust aus ihm; er sah sich gezwungen aufzugeben, der Anblick ihrer Hand rettete seine Erregung, er ließ die schlanken Finger nicht mehr aus den Augen bis zum Schluß.

Sie nimmt die intime Berührung an. Der Genosse wird ein Morgen nicht zulassen. Wenn es jetzt nicht passiert, denkt er, wird es nie passieren. Wenn der Mann ein Auge öffnet, ist alles zu Ende, es sei denn, er ist in ihr drin. Ihr Plaudervorhang ist dünn. Er denkt daran, mit ihr barfuß hinauszuschleichen. Die Vorstellung enttäuscht ihn, reizt ihn viel weniger; er möchte, daß es hier geschieht und in dieser Stellung. Wenn sie nur mitmacht – die Bewachung kann er verdrängen. Er bedauert ein bißchen, daß seine Zunge und seine Lippen und die Gesichtshaut leer ausgehen sollen.

Er drückt sie zärtlich einige Male kurz hintereinander gegen die linke Hüfte, die Finger fragen. Ja, ja, ja antworten ihre Knie, ihr Körper zuckelt für das verheiratete Auge hinter den Sessel, bis zu den Schultern. Das Sitzmöbel würde auch seinen erheblichen Körperteil abdecken. Der Brustkorb unter dem rotbraunen Hemd empfiehlt ihm, ebenfalls in die Knie zu gehen. Er schickt Zeige- und

Mittelfinger erst sichernd vor, drängt sie vorbei an der textilen Dehnkonserve, ihren Lippen restlos die Scham zu vertreiben und ihr seismometrisch die Auskunft abzufragen, ob sie stärkeren Beben standzuhalten gedachte. Er verstand die Meßdaten so, daß die tektonischen Spannungen unter den Hügeln vor ihm nach gewaltigeren Erschütterungen verlangten.

Zum Mitbürger schaut er nicht mehr hinüber. Sie stöhnt, es entfährt ihr, sie kann nichts dagegen tun; er kommt sich ganovig vor, weil er seine Stimme zu kontrollieren vermag. Das süßsaure Ziehen überrumpelt ihn wie ein Gewaltstreich, sofort durchschießt ihn höchster Genuß. Er ist augenblicklich von phantastischer Rücksichtslosigkeit erfüllt. »Sag, wann ich kommen soll«, flüstert er, wie ihm scheint, nach einer Minute. Bei anderer Gelegenheit dehnt er das Ziehen lange aus, bis zu einer halben Stunde, auch länger. Das wäre diesmal falsch, je länger der Genuß, um so eher die Gefahr, daß er den Genuß durch Störung verspielt. Bei dieser Freude zählt der Schluß, rückwirkend.

»Jetzt«, haucht sie erst, zieht das Wort in die Länge und wird lauter. Auf einmal bewegt er sich, als wäre sein Becken an eine Rüttelmaschine geschnallt. Sie gleitet ihm weg, er zieht sie an den Hüften heran. Sie kippt, bleibt mit angewinkelten Beinen seitlich sitzen. Sie schaut ins Kaminfeuer. Er rutscht nach hinten, ertastet sich mit dem Hintern den Sitz, schließt den Reißverschluß mit kleiner Bewegung aus dem Handgelenk, der Arm soll ihn nicht verraten. Erst dann wagt er, hinüberzuschauen zu seinem Partner. Er begegnet offenen, wachen, ernsten Augen. Es ist ein merkwürdiger Blick, ohne Feindseligkeit, stet und direkt, wie durch Nachdenklichkeit befestigt. Er blinzelt.

Die Frau steht auf, verläßt die Sala, das Gesicht auf den Granit gerichtet. Die beiden Männer schauen vor sich hin und schweigen. Er hört sie mehrere Türen öffnen. Während er sie im Bad weiß, sagt der Mensch neben ihm: »Sagen Sie ihr nicht, daß ich es gesehen habe.«

Das Paar übernachtet in einem der leerstehenden Zimmer, es verläßt das Haus am nächsten Tag, bevor er aufwacht.

Draußen in dem siedenden Blei zieht ein Frauenkopf seine Bahn in zwei sich abwechselnden, verschieden langen Schüben, parallel zu seiner Terrasse. Das Fragment schiebt sich langsam auf seine Bucht zu, die Langsamkeit kontrastiert zu dem jungen Gesicht. Er spürt, wie seine Bewegungen sogleich ein anderes Muster annehmen, fließender und behender werden, als gleite er über die Fliesen; die Füße treten weicher auf, die Zehenballen zuerst. Er zieht die Badehose an, wartet, behält das schwebende Gesicht im Auge. Er kann nicht erkennen, von wo sie gekommen sein mag, die nächste mögliche Einstiegsstelle ist fast dreihundert Meter entfernt. Es wird ihr nichts anderes übrigbleiben, als an seinem Strand eine Ruhepause einzulegen. Er will ihr entgegengehen, auf dem Kies sitzen, wenn sie in die kleine Bucht einbiegt, und sie auf sich zuschwimmen lassen. Auf dem Weg hinunter scheint ihm, daß sie einer Frau sehr ähnlich sieht, der er am Vormittag auf der Straße oberhalb seines Grundstücks begegnet ist.

An die Begegnung erinnert er sich genau, nicht weil die Fremde ihn stärker beeindruckt hätte als jede andere jüngere, hochgewachsene, gesunde Blonde mit einiger Anziehungskraft, er erinnert sich, weil ihm sein Verhalten aufgefallen war.

Er war über die teigfarbenen Kalkfelsen gestiegen, ihn

hatte nach einer anderen körperlichen Anstrengung verlangt, einmal nicht Schwimmen, nicht Spazierengehen. Er befand sich auf dem Weg zurück zum Haus, auf der Straße oben, über der die Urlauberbüsten segelten. Er sah eine lebhaft ausschreitende Frau auf sich zukommen. Lange bevor er zu beurteilen vermochte, ob er ihr Gesicht anziehend finden sollte, gefiel ihm ihr Schwung. Ohne einen Wimpernschlag lang zu überlegen, stellte er seine Bewegungen auf die Eroberung ein, wobei er nicht beabsichtigte, sie anzusprechen; er scheute nicht generell davor zurück, einer Unbekannten auf der Straße etwas zu sagen, legte aber Wert auf einen guten Einfall, um nicht wie ein beliebiger Vorstadt-Gigolo abgewiesen zu werden. Der Einfall fehlte ihm jetzt, er hatte keine Zeit mehr, Kaltblütigkeit zu entwickeln. Es blieb ihm nichts als der Versuch, durch die Art auf sie Eindruck zu machen, wie er sich bewegte, ihr einen interessanten Mann vorzuführen. Mit der aberwitzigen Hoffnung, der Sekunden währende Auftritt könnte sie verleiten, irgend etwas zu unternehmen, um mit ihm bekannt zu werden.

Seine Haare machen ihm Sorge. Der Wind auf den Klippen hat sie aus der gefälligen legeren Ordnung gerissen, in die er sie zu kämmen pflegt. Was ihm sonst ein Vorteil ist, die drahtige Härte, läßt sie vom Kopf abstehen und dessen Umrisse deformieren. Dünne Alltagssträhnen fallen leicht in ihre Lage zurück. Wind macht ihn zum seelischen Härtefall, entblößt ihn, er kommt sich verwahrlost vor; der Wind beraubt ihn eines handfesten Vorteils, demütigt ihn in tückisch tolpatschiger Strenge wie eine Gruppe betrunkener junger Arbeiter, die er durch Distanz und mangelhaft verhehlte Empfindung eigener Kostbarkeit provoziert hat. Er kann das Problem nicht ohne weiteres lösen. So wie es ihn unglücklich macht, mit entgleisten Porträtlinien umherzugehen, scheut er, sein Interesse an seinem Äußeren zu zeigen. Er hat sich immer ein wenig für den Bundeskanzler geschämt, wenn sich dieser vor dem Publikum mit einer Verrätergeste, die einherhuschte, als könne sie unbeobachtet davonkommen, die Frisur ordnete; kämmte sich der Politiker öffentlich gar – oder irgendein anderer Mann –, schätzte er ihn nicht mehr so wie vorher. Dann kann sich der Regierungschef vor den Fernsehzuschauern gleich schminken, dachte er.

Er wartete ab, bis sie in eine andere Richtung schaute, bevor er die Hände an den Kopf hob. Das reichte nicht, sie wandte sich nicht oft und nicht lange genug ab. Er mußte ihr seinen halbfertigen Zustand entgegentragen, wie ein Loch in der Hose.

Er hat sich während des Wegs zurück noch ein anderes Ziel gesetzt. Von der Straßenstrecke, die zwischen ihnen lag, zweigt der Weg ab, der zu seinem Haus und ans Wasser führt. Er steigerte sein Tempo, so daß er die Abzweigung vor ihr erreichte. Wenige Meter von ihr entfernt bog er ab, mit Schritten, die viel zu schnell sind für einen Touristen. Er ging auf das Haus zu, als fürchtete er, Milch könne ihm anbrennen. Er sagte ihr mit dem Körper als Zeigefinger, Achtung, ich bewohne ein Privathaus am Meer, ich bin kein gewöhnlicher Urlauber. Damit verlor er sie aus den Augen. Die Anfahrt ging leicht bergab, so fiel es ihm nicht schwer, etwas mehr Tanz in seine Schritte zu legen, zumal sich das bei der gefälschten Eile anbot. Sie wird die Straße bis zum Ende gehen und vielleicht umkehren; an der Abzweigung dem Weg ans Meer folgen – auf ihn neugierig geworden.

Wenn auch die Chance gering war, daß er mit seinem Gesicht, seinem Gang, seiner Körperhaltung und dem Hinweis auf seine Wohnlage die Frau so stark für sich interessierte, daß sie seine Nähe suchen würde, damit er den nächsten Schritt tun könnte – er wäre gar nicht fähig gewesen, sich anders zu verhalten. Er hat es sich zur Maxime gemacht, eine Frau, die ihn anzieht, niemals aufzugeben. Der Wachsoldat bei Petronius, der die verzweifelte schöne Witwe an der Totenbahre ihres Mannes verführt, ist ihm Vorbild. Ob eine Anstrengung sinnvoll ist, kann man nie wissen, weil der Sinn erst in der Begegnung entsteht. In der Liebe hält er alles für möglich, er würde sich auch Hoffnungen auf die Fürstin von Monaco machen, wenn er mit ihr zusammenträfe. Erst wenn er sie erobert hat, würden ihn Zweifel behindern.

Er ging öfter hinaus auf die Terrasse, zupfte welke Blätter von den Geranien, damit sie nicht vergeblich nach ihm suche. Eine halbe Stunde später stand sie da. Er war nicht einmal erstaunt. Sie schaute kurz zu ihm herüber, sein Kopf hatte jetzt die von ihm für am wirkungsvollsten gehaltene Form. Er grüßte sie. Sie erwiderte. Sie betrachteten das Meer. Er ließ sie eine Minute allein, goß sich Kognak und Mineralwasser in ein Glas, da war sie verschwunden.

Als der Kopf in den Bereich des Wassers gerät, der nicht blendet, ist er sicher, daß sie es ist. Er setzt eine winzige Menge Wasser auf die Gasflamme, brüht eine Tasse Pulverkaffee auf, wenig Zucker, sie ist schlank; gießt zwei Gläser Kognak ein, holt einen Bademantel aus dem Schlafzimmer. Auf einem Tablett balanciert er die Getränke, es ist nicht immer deutlich, warum Flüssigkeit überläuft, weil die Hand vor Aufregung zittert oder wegen der Unebenheiten des steil abfallenden Geländes. Er schleicht sich an sie heran, reicht ihr das Tablett von hinten seitlich. Sie greift danach, ohne zu zögern, freundlich und gleichmütig, als sei er ihr verpflichtet; ihre Hand kommt ihm entgegen, bevor sie begriffen haben kann, was vor sich geht. Das beruhigt ihn. Er reicht ihr den Bademantel, sie setzt sich darauf, ohne ein Wort.

Ihre Haut sitzt. Außerhalb ihrer Badewimpel findet er nichts, was ihn bremst. Sie hat lange Beine; es überwiegt die Zahl derer, die mit ihrem Furz Staub aufwirbeln. Seltsam, denkt er, daß man sagt, sie »hat« Beine, das Verb trifft den Sachverhalt nicht ganz; er nimmt sich vor, gelegentlich nachzuforschen, ob nicht einige der fünfzehnhundert Sprachen der Erde eine bessere Lösung entwickelt haben. Diese langen Röhrenknochen haben keine besonderen Vorteile, sie sind aus Seltenheit wertvoll und wegen der Reklame, dort steigen die Weiber damit über Sanddünen. Aber daß die Werbung sie verwenden kann, muß einen Grund haben; er sucht nach einer Theorie, der Erklärungssüchtige, die übersetzt, warum Menschen lange Beine als »schön« empfinden. Er definiert, Schönheit ist das Versprechen einer Nützlichkeit. Früher konnten sich Menschen mit langen Beinen schneller in Sicherheit bringen; die Langbeinigen hatten größere Aussichten, die Art fortzupflanzen. Ans Gasgeben hat die Entwicklung nicht gedacht.

Er sagt sich, jetzt bin ich verrückt nach ihr; wenn ich sie »gehabt« habe, werde ich meine gegenwärtigen Empfindungen nicht mehr begreifen, ich werde vor mir stehen wie vor einer kretischen Schrifttafel. Diesmal nicht, denkt er dagegen. Das hat er auch schon oft gesagt, und doch war es immer dasselbe. Das ist wahr, das ist wahr – es beweist nichts. Dieses Mal kann alles anders sein. Das hat er auch schon oft gesagt. Er fragt sich wiederholt, gefällt sie dir wirklich? Schau sie dir genau an. Sie ist großartig, diesmal ist es wirklich etwas anderes.

»Trinken Sie noch einen Kognak?«
»Ja.«
Wenn sie einen dritten annimmt, habe ich gewonnen.
»Gehen wir nach oben?« fragt er, er kommt sich plump vor, gleicht aus mit: »Natürlich kann ich die Flasche herunterholen.«
»Geben Sie her, ich helfe Ihnen.« Sie nimmt ihm die Tasse und ein Glas ab.

Ist es nicht großartig, in so einer Zeit zu leben, jubelt er still. Man geht aus dem Haus und kommt Minuten später zurück mit einer Geliebten – denn als das betrachtete er sie bereits. Mein Gott, ist das Leben schön! Sie versuchte sich an einer Rechtfertigung dafür, daß sie seiner Einladung so schnell gefolgt war. »Ich bewundere Sie deswegen um so mehr!« Er meinte es aufrichtig.

Wenige Tage zuvor hatte er es auf den Rekord von wenigen Minuten gebracht. Genauer: Das Mädchen mit ihm. Er hatte an ihr keine Frivolität entdecken können. Sie war mit zwei älteren Gästen an einem von Guillermos Tischen gesessen. Sie hatte ihn mit ihren Augen angehalten. Ihr Blick hatte ihn mit überraschend intensivem Ernst getroffen, es wäre ihm unanständig erschienen, wenn er sich nicht in sie verliebt hätte. Er hatte nicht gewagt, sich neben ihr niederzulassen, wegen der beiden anderen. Er hatte bei Guillermo eine Postkarte gekauft und geschrieben: »Schöne Unbekannte, ich möchte Sie wiedersehen. Wenn auch Sie das wollen ...«, dann hatte er beschrieben, wo er wohnte, und Guillermo gebeten, ihr die Karte auszuhändigen. Er hatte zwei Tage gewartet. »Ja«, sagte Guillermo, »sie war noch einmal hier, allein. Ich habe mich nicht getraut.« Oh, Volkstribun! Am dritten Tag klopfte sie an die Eingangstür. Es wehte ein starker Wind aus dem Norden und blies eine durchsichtige Plastiktüte über ihren Kopf in den Flur; wegen der Maurer hatte er eine Tür zur Terrasse offen gelassen. Er hatte sie bei der Hand genommen, sie in sein Schlafzimmer geführt und sie unter einer Decke feierlicher Kußflocken entkleidet. Sie hatten sich zueinander gelegt wie zu einer kultischen Handlung. Öffnete er die Augen, schaute er in dunkelbraunen Bernstein mit Flecken von Schwarzbraun. Ihre Pupillen hatten ihn an die Reste von Firnis erinnert, die in der Werkstatt seines Vaters vertrockneten. Es steckt ihm noch der Geruch und die Verehrung des alten Leinöls in den Knochen; sein Vater rührte Öl und Kreide zu Fensterkitt.

»Bitte, entschuldigen Sie sich nicht«, ermahnt er sie.

Sie ist bezaubert von der Größe der Terrasse und dem Blick aufs Meer. Das erwartet er. Er führt sie durch das Haus, er weiß, die Zahl der Räume wird ihre Bewunderung erregen. Die Küche zeigt er nie, ohne Begeisterung zu ernten. Und wenn er, zum Schluß, hinter seinem Schlafzimmer das Bad vorführt, ist er gewappnet gegen die kleinen Schreie des Entzückens. Er bemüht sich, die Routine eines Museumswärters zu vermeiden.

Sie setzen sich an die Balustrade, vor sich die große Oper des Meeres und der Wassersportfreizeit. Sie schildert ihm, wie schlecht ihr Hotel sei – eine Klage, die das Haus und seine Lage bei allen Besucherinnen auslöst –, wie nachlässig der Service – was bei den Preisen nicht schwer zu erklären ist –; wie primitiv die Hotelgäste. Er kennt das, findet es langweilig und denkt, daß es klüger sei, die Klagen abzuwarten, bevor er sie küßt. Ihr Bedürfnis zu tadeln muß erst befriedigt sein; hindert er sie, ist Unlust eine ihrer ersten Erfahrungen mit ihm, das könnte sie verschließen aus Furcht vor Wiederholungen.

Es ist nicht in jedem Fall verkehrt, am Anfang zu verletzen, eine gewisse Art Blessur in der ersten halben Stunde kann angebracht sein und den Verletzer voranbringen. Einige ihrer Wörter zeigen ihm an, daß sie aus der »linken Szene« kommt. Da war er lange zu Hause, die Argumente sind ihm vertraut. Er leitet seine Zurechtweisung ein mit dem Du-Angebot. »Damit wir uns nicht zu sehr ans ›Sie‹ gewöhnen«, sagt er. »Ich höre, es gibt viele Gemeinsamkeiten zwischen uns.« Sie hat sich – für eine »Progressive« – eine Blöße gegeben, die »Fortschrittlichen« sagen nicht, die und die Menschengruppe ist primitiv. Damit blieben sie hinter dem Stand der Theorie zurück. Es heißt, den abhängig Beschäftigten, die sich in spanischen Hotels betrinken und die Einheimischen mit ihrem Gebrüll morgens um vier aus dem Schlaf reißen, den Opferstatus abzuerkennen; es heißt, sie für die Schäden, die ihnen das System zugefügt hat, auch noch zu verhöhnen, wenn man sie primitiv nennt. Nehmt den deutschen Herren die Fabriken, und die spanischen Küstenbewohner werden die lauen Mittelmeernächte durchschlafen.

Er macht sie auf ihren Fehler aufmerksam. Er benutzt das Wort, von dem er weiß, daß es sie treffen wird. »Menschenfeindlich«, sagt er. »Es ist viel Menschenfeindliches in dem, was du über die Leute sagst.« Sie weiß das, sie stimmt ihm zu, entschuldigt sich. Er tut das nicht, weil ihm daran läge, Handeln und Denken bei ihr besser in Einklang zu bringen, oder weil es ihn reizte, den guten Willen in der Welt ein bißchen zu vermehren, oder weil ihn das Klischeehafte ihrer Vorwürfe provozierte, er tut es, weil es einer Frau in dieser Männergesellschaft gut tut, wenn ein Mann moralische Haltung zeigt. Er weiß, daß es einen guten Eindruck auf sie macht, wenn er sich nicht nur um ihren Gaumen, wenn er sich auch um ihre moralische Reinheit sorgt.

Die Aussichten, daß sie sich jetzt von ihm küssen läßt, scheinen ihm besser. Doch die Stimmung paßt noch nicht zu einem Handausstrecken nach ihren Wangen. Es muß sich ein mild stimmendes Thema ausbreiten, durch das er sie seine außergewöhnliche Fähigkeit zur Einfühlung spüren lassen kann. Mit Fragen hüllt er sie in sich ein, steuert sie zu ihren Lieblingsvorstellungen. Wo sie verkürzt, weil sie nicht genügend Interesse bei ihm voraussetzt, greift er nach. Er bestätigt ihre Schlüsse und Urteile, achtet aber darauf, daß es nicht vorbehaltlos geschieht, bringt eine

Ergänzung an oder eine Korrektur. Bis sie sich ganz wohl fühlt bei ihm. Dann spürt er, jetzt ist der Augenblick gekommen, jetzt kann er ihr einen Kuß auf den Mund setzen.

Er hat im Laufe der Jahre gelernt, es gibt hochempfindliche Regeln der Form; verletzt man sie, reißt man leicht ein, was man aufgebaut hat. Die erste Berührung der Lippen muß eine Huldigung sein, frei von Sinnlichkeit, eine Demonstration der Ergriffenheit und des Einverständnisses mit der Persönlichkeit, in deren Tiefen man einen Blick tun durfte. Es ist nicht übertrieben, sich hinzuknien, solange das Gesicht der zu Küssenden wenigstens auf gleicher Höhe bleibt. Es empfiehlt sich dringend, daß man sich gleich wieder aufrichtet und sich beschäftigt, mit Einschenken, mit dem Auswechseln der Gläser und dergleichen. Sentimentalität in diesem Stadium ist tödlich.

Die Ergriffenheit, die man kurz zu zeigen hat, soll so aus einem herausquellen, daß die Person, der man zuhörte, davon überzeugt ist, sie habe einen starken Menschen stark beeindruckt. Sentimentalität verstimmt, die Umworbene kann weder an die Kraft ihrer selbst glauben noch an die des Werbers.

Der erste Kuß muß in völligem körperlichen Gleichgewicht angebracht werden, als handele es sich um eine Ballettszene. Niemals würde er aus der Sitzhaltung dazu aufbrechen. Damit bewiese man, daß man erschlagen sei. Er verläßt sie, geht ins Haus, ohne Erklärung, ohne Entschuldigung, geht in sein Schlafzimmer, ins Bad, schaut sich im Spiegel an, beobachtet sie durch das Fenster der

Toilette – sie schaut vor sich hin wie gefesselt von einem Fernsehfilm –, kehrt zu ihr zurück, legt, im Vorbeigehen innehaltend, seine Hände von hinten auf ihre Schultern wie Antennen, ruft durch die Handflächen ihre Gemütsdaten ab, macht einen Schritt um sie herum, geht auf die Tonfliesen nieder, nimmt ihr Gesicht in die Hände, drückt den Mund auf ihre Stirn, ihre Augen, auf ihre Lippen. Er schwankt auch nicht, während er sich erhebt.

Eine Woche noch ist sie auf der Insel. Sie sind sich einig, daß sie ihr Hotelzimmer aufgibt und zu ihm zieht.

Am Morgen war das brennende Glück in ihm erloschen. Wenn er sich daran erinnerte, wie berauscht er von ihr gewesen war, wenn er sich den Aufwand an Verführungsintelligenz vorstellte, den er getrieben hatte, kam er sich lächerlich vor. Diese tausend Schlauheiten für nichts anderes als für das gewöhnliche Behagen, das ihn bei der Vorstellung erfüllte, eine Woche lang einen angenehmen Körper im Bett zu haben, sich »richtig ausvögeln« zu können! Die großen Gewitter der Seligkeit konnte er nicht mehr nachempfinden. Er war nahe daran zu bedauern, daß er sich sechs Tage an sie gebunden hatte.

Es kam in den folgenden Tagen noch schlimmer. Bei Menschen muß man auf Überraschungen gefaßt sein, ging es ihm durch den Kopf. Da kommt so ein wahnsinniger blonder Hintern ins Haus – er denkt, wenn ich den kriege, kann mir nichts mehr passieren. Bald hat er das Gefühl, sie nimmt ihm die Luft weg. Sie hängt sich an ihn, legt ihre Arme schwer auf seine Schultern, wie riesige Würste, denkt er; sucht immer wieder seinen Mund. Dieses schwere Sich-auf-ihn-Fallenlassen erzeugt in ihm Wellen von Jähzorn. In der ersten Nacht legte sie den Kopf auf sein Gesicht, wütend denkt er, so schmeißt man einen ausrangierten Kühlschrank auf einen Schrotthaufen. Ihre Haare kitzelten seine Lider, seine Nase, seine Lippen. Er verübelte ihr, daß sie in ihrem Alter noch solche Fehler machte. Wahrscheinlich war sie stets zu sehr mit sich beschäftigt. Wenn sie bis zu ihrem dreißigsten Jahr nicht gelernt hatte, mit ihrem Liebhaber bequem im Bett zu liegen, mußte sie den Liebhaber bisher übersehen haben. Ihr Kopf lag auf ihm wie ein Stein, sie war glücklich, hielt ihr Briefbeschwererleben für Liebe. Er wagte nicht, sie auf ihre Ungeschicklichkeit aufmerksam zu machen, er fürchtete ihre ideologische Unduldsamkeit. Wenn man sich liebhat, pflegte sie zu sagen, muß man ...; sie verwendete die Formel, um Forderungen an ihn zu richten. Gewiß war einer seiner Liebesbeweise, daß er sich von ihren Wangenknochen die Nase zerquetschen ließ.

Es kam vor, daß sie, wenn er in einem Sessel saß, von hinten an ihn herantrat, um ihm über die Wangen zu streichen. Sie stützte sich mit den Ellbogen so schwer auf seine Schlüsselbeine, daß er sich zusammennehmen mußte, nicht zu schreien. Es schien ihm weniger unangenehm, den Druck ihrer Elle auszuhalten als den Anblick ihrer unheilbaren Niedergeschlagenheit, falls er ihr sagte, ihre zärtliche Berührung foltere ihn. Allmählich verlor ihr schnell einschaltbares Verbiestertsein die Schrecken, die Schnute ihre Bedrohung, da die Katastrophen ausblieben, die sie anzukündigen schienen.

Sie schwimmt im Wasser auf ihn zu, legt ihre Hände auf seine Schultern und hält ihn fest. Damit ihn das Gewicht ihrer Arme nicht unter die Wasseroberfläche drücke, rudert er angestrengt mit Armen und Beinen und entwindet sich ihr wie im Scherz. Sobald sich Mund und Nase den Wellen nähern, hält er den Atem an, wenn sie in der Nähe ist, aus Furcht, sie könnte ihn durch einen Anfall von Inbrunst untertauchen. Sie bemerkt nichts von seinen Ängsten, verfolgt ihn, ein hübsches Nilpferdbaby. Eine gute Schwimmerin mit Kondition, hat sie ihn bald eingeholt, und wieder kämpft er gegen Erstickungsgefahr. Er macht Witze darüber, sagt, ihre Liebe zwinge ihn, um sein Leben zu kämpfen. Sie hat vor Lachen Mühe, das Meer ihrer Luftröhre fernzuhalten. An einem Morgen hindert sie ihn durch Zärtlichkeiten an der Eintracht seiner Bewegungen mit denen der schwappenden Mittelmeerbrühe; eine Welle, aus der er sonst seinen Kopf gehoben hätte, geht über ihn hinweg. Der Ballast ihrer Arme stabilisiert ihn wie ein Unterseeboot. Seine Mundhöhle, zum Atmen aufgerissen, schlägt voll. Endlich reißt ihn die Wut hin zu reden.

Sie wischt ihm am Ende ihrer gemeinsamen Liebesraserei, nach der er entspannt und mit pumpendem Brustkorb auf dem Rücken liegt, den Schweiß vom Gesicht, schleift ihre Hand über Augen und Stirn in die Haare. Es sticht ihn, den Schweiß ins Haar gerieben zu bekommen, daß sie ihre Hand an seinem Haar abwischt, obwohl er weiß, sie ist vor Zuneigung überwältigt. Die Gebärde trifft ihn wie eine Katastrophe an Grobheit. Ihre streunenden Handauflegungen wecken seinen Argwohn, sie werde ihn zum Ehemann zermalmen wollen, wenn er sich nicht schnell von ihr trennt.

Während des zweiten und dritten Tages häufen sich ihre Ungeschicklichkeiten. Das Klappern, Rasseln, Klopfen, Klirren, das Getöse in der Küche war ein Unglück für ihn. Die einzige Methode, mit ihr bis zur Abreise auszukommen, schien ihm, möglichst lange und möglichst oft mit ihr im Bett zu liegen. Solange er in ihr steckte, konnte sie wenigstens keine Wasserflasche auf dem harten Altrosa auseinanderspritzen lassen, und er verlor die Leidenschaft, sie zu größerer Alltagsklugheit zu erziehen. Wenn er es nur schaffte, unentwegt in sie hineinzusprudeln, würden die Pausen, in denen sie auf unergründliche Weise einen Film Olivenöl über die Espressokanne ziehen konnte, zusammenschrumpfen. Wenn er sie mit seinem Steifen fernhalten könnte von beweglichen Gegenständen, käme er vielleicht an sie heran und würde etwas von dem Abgrund ihrer Hingabe ahnen.

Es geschehen immer wieder Dinge, die sie ihm verstellen. Sie wäscht seine Hose im Waschbecken, sie überschwemmt den Fußboden, das Wasser dringt bis zur Schlafzimmertür vor. Der elektrische Rasierapparat, ans Stromnetz angeschlossen, liegt in einer Wasserlache. Er holt sich den Kassettenrekorder aus der Küche, beim Anheben tropft Wasser auf die Marmorplatte des Unterschranks. Sie reicht ihm den Mörser und bittet ihn, die Mayonnaise anzurühren, sie stellt ihm den Mörser auf den Handteller, der Keramikboden ist schmierig, in der Schicht aus Öl und Wasser haften Substanzen, die dort nicht hingehören, Trümmer von Pfefferkörnern, zwei zerquetschte Ameisen, Stäubchen Paprika; in aller Unschuld trägt sie ihm diesen Dreck auf die Handfläche auf. Sie stellt den Kessel fürs Teewasser nicht mit der Mitte auf die Gasflamme, das Feuer versucht irgendwo am Rand des Topfbodens das Wasser zum Kochen zu überreden. Ihn stört, daß sie zu viel Wasser einfüllt, nicht die für den Tee ausreichende Menge.

Während sie kocht, brät, stellt sie seinen Kassettenrekorder neben den Gasherd, kaum einen halben Meter davon entfernt. Wie kann er einem solchen Menschen erklären, was das bedeutet, ohne ihn durch die Entdeckung seiner Nachlässigkeit zur Verzweiflung zu bringen? Selbst wenn er erklärte, warum der Rekorder nicht neben dem Herd stehen sollte – bis zum Abend gibt es ein halbes Dutzend anderer für sie undurchschaubarer Vorgänge aus der Physik. Sie sagt, in Physik sei sie immer schlecht gewesen. Bei ihm kommt ein anderer Text an, er hört: Ich habe so viele Probleme, und das Leben ist so schwer, da kann ich mich nicht auch noch um die Schwerkraft kümmern und um die verschiedenen Eigenschaften toter Materie.

Hat sie vergessen, was Öl macht, wenn es auf dem Boden einer Pfanne von Hitze durcheinandergebracht wird? Sie hat die Pflicht zu wissen, daß es in unsichtbaren Bläschen aufsteigt, das wäre Liebe, von der sie so viel redet. So ahnungslos kann man nicht sein, wenn man nicht entschlossen ist, die Umgebung zu unterjochen. Jedes Steak erzeugt eine Wolke, die so groß wird wie die Küche. Wie kann ihr in ihrem Leben verborgen geblieben sein, daß das Öl aus der Höhe zurückkommt und auf allem liegenbleibt, was es berührt, bis es, wenn man nichts unternimmt, die Küche zudeckt? Ein Tisch, ein Spülbecken, der Fußboden lassen sich abwischen, die Lautsprecher unter dem Schutzgitter des Rekorders nicht. Indem sie das Gerät zu jeder Mahlzeit neben den Gasherd stellt – weil sie sich langweilt während des Kochens, wie sie sagt –, baut sie Schicht um Schicht auf den Lautsprechermembranen einen Fettfilz auf. Der Wasserdampf greift den Tonkopf und die Bänder an. Sie wird ihm die Minderung der Klangbrillanz schleichend beibringen, ihn an den Raub gewöhnen durch Langsamkeit des Entzuges; ihn, ohne daß er es merkt, zum akustischen Gimpel bilden.

Wenn er den Mörserstößel aus Holz im Abwaschwasser liegen sieht, findet er sie unmenschlich. So ein Holz ist empfindlich, es reißt sich auseinander im Spülbecken.

Sie möchte alle seine Wünsche zwischen ihren glatten Schenkeln erwürgen, bis sie übrigbleibt als scin einziger Wunsch. Er soll allmählich auf mehr und mehr Qualitäten verzichten, auf leises Schließen der Türen während des Schlafes, auf sparsamer gesalzenen Salat. Und er wird noch selig sein, von ihren schönen Arschbacken zerrieben zu werden zu einer Null.

Sie verbrachten die meiste Zeit im Bett, erhoben sich nur auf Mahnungen des Stoffwechsels oder zum Schwimmen. Ihre Zunge, ihre Lippen, ihre Hände entwickelten für ihn unermüdlich neue Köstlichkeiten. Sie wurde kühner. Er beobachtete, wie sich eine Frau erzog, ihre Erziehung umwälzte. Auf einmal standen Veränderungen in ihrem Verhalten da wie frische Rosen. Der Tee, den er mit Milch und Zucker trank, nahm die Farbe rötlicher Tonerde an, die er so liebte; das hysterische Gejaule der Schlafzimmerklinke sank in sich zusammen zu einem Winseln; seit seinem Wutausbruch im Wasser schienen ihre Glieder aus einem leichteren Material zu bestehen; ihre langen blonden Haarsträhnen legten sich behutsam im Bogen um sein Gesicht; die Morgengesprächige wurde wortkarg, als sie merkte, daß er nach dem Erwachen jedes laute Wort haßte.

Er genoß die regelmäßigen Mahlzeiten, die sie zubereitete. Suppen und Soßen, auch Gewürze waren ihm in seiner Verwahrlosung in weite Ferne gerückt; überrascht entdeckte er, wie nachhaltig ihm Majoran, frisch gestoßener schwarzer Pfeffer oder eine Spargelsuppe den Tag verschönten.

Sie wurde ihm angenehmer, er fand mehr und mehr Geschmack an ihrem Körper. Seine Orgasmen wurden wuchtiger, sie holte ihm die Wonnen jeden Tag aus größeren Tiefen. Sie sagte »Schatz« zu ihm, ein Wort, von dem er angenommen hatte, daß es ihm nie über die Lippen käme, es sei denn parodistisch. Jetzt zog er sich die Vokabel über, er freute sich über sie, wie man sich über eine Erbschaft freut, einen Schatz. Hätte ihn die hübsche Lebensmittelhändlerin jetzt gefragt, wie es ihm gehe, er hätte spontan und ohne das Bedürfnis nach Differenzierung geantwortet: Gut!

Er schaut vom Bett in den blauen Himmel, hört das Wasser unten den Kies schlecken, atmet ihren Jahrmillionengeruch von seinen Fingern, lauscht in sich hinein und hört sich sagen, es geht mir gut. Das ist ihm fremd. Ich gehöre jetzt zu der ordinären Sorte von Leuten, die zufrieden sind. Die früheren Anfälle von Haß sind ihm peinlich und unbegreiflich. So ist das also, sagt er sich, das gute Leben, um das sich alle Anstrengungen der Welt drehen: Wenn man zu einem gefüllten Teller geht, jederzeit auf einen Geschlechtsverkehr zurückgreifen kann, mit dem man einverstanden ist, frische Wäsche. Sie erschien ihm tüchtig und schön und kraftvoll. Er kam sich vor wie einer aus jenen bürgerlichen Kreisen, die er bisher wegen ihrer Zufriedenheit verachtet hatte. Er fühlte sich wohl in der fremden, verachteten Haut. Er hatte Schnurrbärte nicht ausstehen können, jetzt gehörte es zu den angenehmen kleinen Problemen, die das Salz seiner bürgerlichen Behaglichkeit waren, sich ein Leben vorzustellen mit dem maskulinen Schmuck auf der Oberlippe. Mein Schöner, sagt sie zu ihm, mein schöner Geliebter.

Unter der Terrasse ist ein Hohlraum, groß wie eine mittlere Wohnung. Darin steht Wasser. Eine der Pinien vor der

Terrasse hat Wurzeln herübergeschickt vor langer Zeit. Die dünnen Fäden streichelten sich einen Weg durch die halbmeter dicke Außenmauer. Jetzt ist die lange Zielstrebigkeit des Baumes offenbar geworden. Der Wasserverbrauch wurde in den letzten Wochen mysteriös, noch nie mußte ein Tankwagen mit Trinkwasser bestellt werden; der Winterregen versorgte das Haus während des ganzen Jahres. Der Fahrer schleift das schenkeldicke gerippte gelbe Plastikrohr durch das Haus auf die andere Seite. Der in die Tiefe stürzende Strahl hebt ein dunkles Gewoge an den Tag, ein Fischernetz, das über die Fläche der Zisterne ausgebreitet war. Die Handwerker ziehen den braunen Schleier über die Tonfliesen; viele, auch längere Blicke gehen hinüber zur Pinie. Die Arbeiter pumpen das Wasser heraus, steigen ein, holen mit Eimern den Schlamm an die Oberfläche, der sich in fünfzig Jahren durch eingespülten Blütenstaub der Pinien gebildet hat.

Die Mauer steht, es fehlt noch das Tor, einige Meter Verputz, hundert Meter vom Profil der Mauerkrone.

Am Morgen des Tages vor ihrer Abreise steht die Betonmischmaschine vor seinem Schlafzimmerfenster; sie vermengt drei Teile Kies, drei Teile Sand, ein Teil Zement und zwei Eimer Wasser – manchmal sieht ihm die Mischung zu trocken aus, er möchte sie einspeicheln. Im Fenster fehlt eine Scheibe. Über das glattharte Altrosa läuft das sandiglehmige Muster des Reifens einer Schubkarre quer über den Flur. Die Eingangstüren beider Hausseiten stehen offen.

Das singende Gebrumm des rotierenden Mörtelkessels,

das stoßende Scharren der Schaufel und die Stimmen der Männer vor den Ladensprossen schlagen wie Frost auf seinen rosablühenden Fruchtknoten in ihrem Kelch. Ihr ganzes, in den vergangenen Tagen gewachsenes Hand- und Mundwerk nützt wenig. Sobald es darauf ankommt, sobald er aufbricht zum eigentlichen Reiseziel, wendet der Fremdenführer sich ab, läßt den Kopf hängen.

Er geht ihr im Bademantel voran, den Flur entlang, heißt sie an der Schlafzimmertür stehenbleiben und auf sein Zeichen warten, schaut vorsichtig um die Ecke zur Eingangstür rechts, sieht im Hof den Mann mit dem Rücken ihm zugekehrt Sand in die Schubkarre schaufeln, geht den Flur weiter bis zum Eingang der Terrasse, behutsamer Blick um die Ecke, hinaus über die Geranien zum Meer, und weiter zur Tür eines der anderen Schlafräume. Auf seinen Wink trippelt sie barfüßig über den Baustaub.

Die Drahtunterlagen für die Matratzen sind ihm zu weich, der Schläfer hängt mit gekrümmter Wirbelsäule durch. Die Stahlmatte federt, schwankt wie ein Schiff und weicht vor den Bewegungen seiner Lenden zurück, verschlingt Energie, die er ihrem Becken zugedacht hat. Reibung geht verloren, Bewegungspräzision ist auf dem Trampolin nicht möglich. Die Kraft, die die Drahtspiralen vernichten, muß er zusätzlich aus dem Kreuz und den Hüften herausholen, um die Intensität der Empfindung zu halten. Manche Stöße werden ganz und gar verschluckt, die Geliebte von der drahtenen Hängematte übers Ohr gehauen. Er wird wütend über den Steckpfusch, lehnt das Flickwerk ab und entschlüpft ihr.

Sie könnten, was am einfachsten wäre, eine der Schaumgummiauflagen auf den Fußboden werfen, der Stein bietet durch den Schwamm produktiven Widerstand. Es ist eine Freude zu erleben, mit welcher Präzision man die Körper aufeinander zuführen kann auf dem gezähmten Granit. Der Platz zwischen den Betten ist schmal, die Bettgestelle schaben beide Seiten des Körpers, sind auch zu niedrig, um darunter auszuweichen. Sie entfernen eine Auflage und richten das Gestell an der Wand auf. Sie gewinnen herrliche Manövrierfläche. Das Fenster ist geöffnet, die Läden geschlossen. Der Schubkarrenmann knirscht in einigen Metern Entfernung mit der Schaufel, rumpelt seine Würfe in die blecherne Wanne. Die friedlichen Arbeitsgeräusche eines einzelnen, nicht mit einer Maschine verstärkten Maurers ortsüblichen Stundenlohns scheinen ihnen kein Hindernis. Das Problem sind die Ohren des Mannes, sie verhindern Schmeichelworte, anfeuernde Zurufe und die Klageschreie, durch welche die Lust, statt sich durch die Kehle zu verströmen, zu stärkerer Glut angeblasen wird. Sie lassen sich nieder mit einem neuen Hochgefühl.

Auf der anderen Seite des Hauses ist es still geworden, der Drehtopf abgestellt. Die Maurer machen Frühstückspause. Sie entziehen sich und ihre Nahrung den heißen Sonnenstrahlen – um derentwillen die Terrasse an dieser Stelle einst geschaffen wurde – und begeben sich über den Flur auf die Hofseite in den Hausschatten. Der bequemste Platz liegt vor dem Ausweichschlafzimmer, glatt und eben. Er hört sie Hohlblocksteine, die beim Bau der Mauer übriggeblieben sind, zum Sitzen unter das Fenster hinwerfen. Die gesunden Menschen sind immer guter

Laune, besonders am Vormittag, wenn ihre Kräfte noch nicht in ihr Werk eingegangen sind. Sie lachen und erzählen sich Witze und Geschichten in ihrer Inselsprache. Einige Dutzend Wörter, die am häufigsten vorkommen, sind ihm vertraut. Die unheiligen Lachsalven sind auf den strammen Vordermann gezielt. Dieser sinkt dahin. Keine Caritas und kein Balsam vermag ihn aufzurichten. Im Gelächterschatten des Hauses kommt der Gefallene wieder auf den Damm, bringt es zu etwas, der Fisch fühlt sich weit besser als im Wasser.

Noch einige Male eilen die Flüchtlinge über den Flur, wie Halbnackte übers Eis, ihre Körper vom Verlangen gebeugt.

Am Abend stellen sie fest, daß sie gemeinsame Bekannte haben. Bis zu der Erkenntnis, daß sie Mitglied einer sich kommunistisch nennenden Partei ist, sind es ein paar Sätze. Die Maurer haben ihr Feierabendschwimmen veranstaltet und das Gelände verlassen. Die Sonne sinkt auf das Dorf gegenüber, schmiert dicke gelbrote Fladen Leuchtfarbe über seinen Grund, patzt sie in die Pinienkronen. Eine Kaskade flüssigen Stahls ergießt sich von der gegenüber liegenden Küste auf sein Ufer herab. Minuten später wird der Strahl abgedreht. Eine Amsel ergreift Besitz von der Stunde.

Hundert Meter von ihnen entfernt liegt eine englische Jacht, mit drei jungen Frauen. In dieser Entfernung verlieren sie jede Individualität und werden austauschbar, sind Ideogramme. Ihn schreckt die Aussicht, Schönheit, Frieden und Liebe zu verlieren gegen eine Diskussion, wie er sie satt hat, nicht nur, weil er sie für unfruchtbar hält, auch weil sie so schlecht abzubrechen ist; eine bestimmte Art Streitgespräch macht aus den Teilnehmern Verrückte. Er hat das oft genug erlebt. Man hat sich hundertmal vorgenommen, die Auseinandersetzung abzubrechen, sie hält einen fest wie eine abgeschlossene Wohnung, zu der man den Schlüssel verloren hat.

Sie hatte während der vergangenen Tage mehrmals versucht – durch auffällig gesetzte Eigenschaftswörter und andere Urteile –, ihn in ein Gespräch über die Verteilung materieller Güter in der Gesellschaft zu locken. Er hatte sie in ihrer konfessionellen Sehnsucht allein gelassen. Ein Dutzend Jahre hatte er in Gesprächen und Zeitungsartikeln geworben, den reichen Leuten das Vermögen wegzunehmen, damit es von mehr Menschen genutzt würde. Er war bei solchen Bemühungen mit sich am meisten einverstanden gewesen. Später war es ihm so vorgekommen, als sei die neue Gleichgültigkeit über Nacht in ihn eingekehrt. Ich habe etwas Menschenfeindliches angenommen, wunderte er sich. Er kam sich nicht korrupt vor. Er hatte einmal gesagt: Wer sich nicht aufregt, ist unsachlich. Jetzt kam nichts mehr an ihn heran, was ihn früher so empört hatte. Ein anderes Klima war über das Land gekommen, da sah man die Dinge anders, wie man einen Film anders sieht, wenn man den Ton wegnimmt. Es lag nicht an ihm. Um seine Liebe zu den Menschen in Gang zu setzen, brauchte er Zuhörer und Zuschauer; das holte seine besten Eigenschaften aus ihm heraus. Zum Kampf für gesellschaftlichen Fortschritt und für Gerechtigkeit fehlte ihm das Publikum.

Er hatte ihrer Organisation nahegestanden; dieselben Wörter benutzt, die sie jetzt auf der Terrasse benutzte. An den Tagen zuvor ließ sie es geschehen, daß er ihr auswich. Nun schien sie einen Plan zu verfolgen, womöglich dachte sie, ihn zu missionieren, ihre Erlebnisse mit ihm auf ein höheres Niveau zu heben, war vielleicht auf Dauer aus. Der Gedanke ist ihm widerlich. Erstaunt stellt er fest, wie die Anziehungskraft ihres Körpers vergeht, wenn sie bestimmte Wörter verwendet.

»Du vögelst mit mir im Klassenauftrag«, sagt er. Mit seinem Satz stößt er absichtsvoll in Neuland vor. Es erleichtert ihn, ihre Kraft durch Beleidigungen zu testen. Dafür müssen die Beleidigungen fest sein und gediegen, gut gearbeitete Treffer in Ton und Inhalt. Er kann nur gewinnen. Zeigt sie sich ihm gewachsen, kann er sie wieder begehren, zu den entschwundenen Schätzen ihres Fleisches zurückfinden; der Abend wäre nicht vertan. Hält sie seine Flegeleien nicht aus und klagt, fühlt er sich frei, zur Jacht hinüberzuschwimmen. Er ist Gratissieger, es ist vorausbestimmt, daß sie verliert. Er verübelt ihr, daß er Lust hat, sich in Schuftigkeit zu baden.

»Du kennst doch den Satz«, sagt er, »wer mit zwanzig kein Kommunist ist, ist ein Zyniker, wer es mit vierzig noch ist, ein Trottel. Vor nicht langer Zeit hielt ich für unmöglich, daß ich mir diesen Satz einmal zu eigen machen könnte.«
»Jetzt kannst du?«
»Jetzt kann ich.«
Sie schwieg verwirrt.
»Das Leben hat endlich keinen Sinn mehr für mich. Seit Jahren bin ich wieder glücklich – wenn ich von dem kleinen täglichen Unglücklichsein absehe, das daher kommt, daß das Bedürfnis nach großen Aufgaben nicht befriedigt wird heutzutage.«
»Und wofür lebst du?«
»Für deinen schönen Hintern.«
»Also lebst du fürn Arsch?«
Er mochte nicht, daß sie ihren Einfall für gut hielt.
»Du nicht?«
»Das heißt aus einem Stalinisten ist ein Epikuräer geworden. Du bist einfach ein ordinärer Genießer.«

Drüben bei der Jacht hörten sie einen Körper ins Wasser klatschen. Es war dunkel geworden, man sah nur die schwachen Lichter des Bootes. Er dachte, wenn sie nicht meine Vergangenheit bewältigen müßte, würde ich mir überlegen, ob ich der Engländerin entgegenschwimme. Die Vorstellung, es in der Dunkelheit im Wasser mit einer ihm unbekannten Frau zu treiben, die er dabei nicht einmal sehen würde, ließ ihm beim Einschenken die Hand zittern. Er war überzeugt, die Schwimmerin würde, von der Anonymität des Kontaktes ebenso erregt, nach dieser zu reiner Schamlosigkeit geläuterten Sexualität gieren wie er. Er fürchtete, eine spontan aufbrechende Kühnheit könnte ihn zum Meer hinuntergehen machen. Er hatte früher alte Geschichten erzählen hören von solcher Urliebe in den überfüllten und unbeleuchteten Zügen am Ende des Krieges.

»Ich kann wenigstens mir gegenüber wieder ehrlich sein. Ich muß nicht eine verblüffende Antwort finden auf die Frage: Was haben Grashalme und der Klassenkampf gemeinsam?«
Windstille nennt er seinen gegenwärtigen Zustand.

Sie trug ihre Argumente in großer Leidenschaft vor, ihre Erregung berührte ihn komisch, weil er jeden Satz ihrer Rechtfertigung kannte. Zwei oder drei Male unterbrach er sie und vollendete die Aussagen in ihrem Sinn, aus Rache dafür, daß sie ihm den Abend verdarb. Als er ihre Intelligenz zur Debatte stellte, weil sie ihre Kräfte für eine Gruppe ausgebe, die nicht mehr als Null-komma-zwei Prozent der Wählerstimmen bekomme, war er bereit, das Schiff der Engländerinnen aufzusuchen. Er wußte, was sie diesem Vorwurf erwidern würde – hatte ihn deshalb ausgewählt. Indem er sie voräffte, vermochte er sie vielleicht zu entmutigen. Er wollte runter von der Terrasse. Dafür suchte er bei ihr eine resignative Nische.

»Unsere Position in der Gewerkschaft ist sehr viel stärker ...«, begann sie.

»... als man annehmen sollte, wenn man immer nur auf die Wahlergebnisse starrt wie auf einen Fetisch«, schloß er. »Soll ich weiterreden?« Die Treppe hinunterschreitend ins Dunkel: »Und auch der Verfassungsschutz hat geschrieben, daß ihr weit gefährlicher seid für unser Land als die Regierungsparteien«, verschwand sein Kopf unter der Brüstung, »und die sind gefährlich genug, viel zu gefährlich«, rief er nach oben.

Er entkleidete sich, bevor er den kleinen Strand erreichte, auf dem Kies hörte man von oben jeden Schritt. Er nutzte das Geräusch der leichten Brandung, setzte im Rhythmus des mahlenden Wasserkranzes Fuß vor Fuß. Er drehte sich auf den Rücken und glitt unhörbar aus der Bucht. Er sah sie an die Brüstung treten, geblendet nach ihm umherschauen, hinter den Geranien wieder verschwinden.

Noch immer bezieht er den Sprung ins Wasser, der längst verhallt ist, auf sich. Er ist auf eine Begegnung gefaßt, erwartet, daß ihm eine der drei Frauen entgegenkommt. Das Meer drängt in leichten Wellen ans Ufer, die Lichter der Kajüte versinken und tauchen auf. Der Kopf eines Menschen dürfte in einer Entfernung von fünf Metern nicht mehr zu erkennen sein, vielleicht als heller Fleck, wenn man sich direkt ins Gesicht schaut. In der Nähe der Jacht strampelt er für die Unsichtbare leuchtende Geisire aus der Tinte. Er krault um den Bootskörper, die Bullaugen sind verhängt. Von innen hört er Stimmen. Die Falltreppe ist eingeholt. Seine Ankunft am Segler hat er sich anders vorgestellt.

Wieder war seine Verwegenheit nicht groß genug gewesen, er hatte das Gespräch zu spät abgebrochen, durch Halbherzigkeit Mut vergeudet, einen guten Einfall verdorben. Ihn fröstelt, er denkt mit mehr Wärme an die Freundin, die er am Haus zurückgelassen hat.
Im Bett – sie sind fast eingeschlafen – sagt er in die Dunkelheit auf einmal: »Rückgrat essen.«
»Was sagst du?«
»Rückgrat essen.«
»Wie kommst du jetzt darauf?«
»Es paßt so zu deinen Genossen. Habe ich eine Veranstaltung von euch besucht, kam es mir manchmal so vor, als helfe man sich gegenseitig, indem man dem anderen das Rückgrat ißt.«

Er fährt sie im Mietauto zum Flughafen. Es ist Nachmittag, und es gibt keine richtige Sonne am Himmel und keine Wolken. Über die Erde ist eine Kuppel gespannt aus blaßblaugrauem Seidenpapier mit einem rötlichen Ton, der zum Horizont hin ein bißchen zunimmt. Aus dem Papier ist ein scharfer Kreis geschnitten mit einer Rasierklinge. Der große Raum dahinter ist erleuchtet wie von Neonlicht. Es gibt keine Schatten auf dem Land. Sie legt ihre Hand auf seinen Schenkel, ihren Kopf an seine Schulter. Dort hat sie es nicht bequem. Die Straße ist schmal und kurvenreich, er schaltet in kurzen Abständen.

»Ich liebe dich, mein Gesinnungsschwein«, sagt sie. »Ich bin unbeschimpfbar geworden.«

Die Mandelbäume in den Hügeln, mehrfach geknickte schwarzbraune Hölzchen von der Ferne, schräg in die rote Erde gesteckt, in dem dünnen Astwerk schweben grüngelbe Staubwölkchen, welkes Laub; die Bäume sind abgeerntet. Großkrautige Wuschelköpfe, Feigenbäume im Gammler-Look. Olivenstämme stehen in Diskuswerferhaltung.

»Ich brauche diese Partei, trotz der vielen kaputten Typen, die mir manchmal schwer auf die Nerven gehen. Ich brauche diese Leute, ich brauche ihre Kenntnisse und ihre Ernsthaftigkeit. Ich brauche das Kollektiv. In der Diskussion mit den Genossen habe ich so viele Anregungen erfahren, die hätte ich anders nicht gekriegt.«

»Ich erzähle dir jetzt die Geschichte vom Schriftsteller und vom Funktionär. Diese Geschichte und ähnliche andere Erlebnisse haben mich von euch gelöst.«

Er saß einmal nach einer öffentlichen Lesung, die von einer Parteigruppe veranstaltet worden war, mit einem Berufskommunisten und dem Autor zusammen. Der Organisator bemühte sich, den Schriftsteller zu überzeugen, daß dessen Text schlecht war, und sagte schließlich: Ich verstehe vom Schreiben mehr als du. Er wollte nicht ganz ausschließen, daß er sich verhört hatte, er kannte die unverständlichen Scheußlichkeiten, die der Parteiangestellte auf Flugblättern zu verbreiten pflegte. Kannst du das wiederholen? fragte er ihn. Der andere wiederholte seinen Satz mit der Ruhe einer Wand. Das war handwerklich gemeint, nicht politisch.

»Der Mann ist verantwortlich für die Kulturarbeit eines Bezirks. Warum wird so ein Idiot nicht abgewählt? Die Erklärung: Er ist im Sinne der Organisation kein Idiot. Er ist an seiner Stelle genau der Richtige. Man setzt die Leute da hin wegen ihrer stahlharten Borniertheit. Sie sind das eiserne Gerüst der Partei.«

Sie nahm Kopf und Hand zurück. »Es gibt viele intelligente, brillante Köpfe in dem Verein, das weißt du doch selbst.«

»Das bestreite ich nicht. Nur: Sie haben nichts zu sagen. Die kreativen Mitglieder ermüden an der Sturheit der Kader, geben irgendwann auf oder treten aus. Das ist der Grund, warum ihr nie eine anständige Zeitung haben werdet. Manche Ausgabe kommt mir vor wie ein Gruselkabinett aller Stilmonstrositäten bürgerlicher Provinzblätter.«

Was er jetzt am meisten fürchtete, war, daß sich das Gespräch reduzierte auf gegenseitiges Sich-Anschreien. Er wußte, die Entartung war schon jetzt unvermeidlich, es sei denn, er hätte die Beweglichkeit aufgebracht, sich zu entschuldigen und ihr zu versichern, er habe es nicht so gemeint, wollte sie nur ärgern, sie habe recht, er sei nur zu schwach, um sich zu engagieren, er bitte sie um Geduld. Das brachte er nicht über sich, es wäre ihm vorgekommen, als tauche er in seine eigene Jauche.

»Wenn die Kommunisten kein Klub von Idioten sind, bleibt nur die Erklärung, sie wollen nicht an die Macht.«

»Das ist nicht so falsch, wie du glaubst. Vor einiger Zeit ist ein bekannter Stückeschreiber ausgetreten. Der war mit seinem proletarischen Kampfgeist sogar in den Parteivorstand aufgenommen worden. Er behauptet, seine besten Ideen hätten nie zu etwas geführt. Die Kader werden das bestreiten, aber sie lügen. Mit ihrer Behauptung, nirgends könne man sich so frei und wirkungsvoll entfalten, locken sie Idealisten an, die sie dann verheizen. Es ist eine große Schweinerei, was da mit engagierten Leuten gemacht wird.«

»Du wolltest mir erklären, wieso die Kommunisten nicht an die Macht wollen.«

»Als die neue Linke, die ›Außerparlamentarische Opposition‹, ihren größten Zulauf hatte, bekam auch die Partei etwas davon ab. Linke Journalisten und Schriftsteller waren bereit, in eurer Zeitung zu schreiben. Sie wurden im Feuilleton mit offenen Armen empfangen. Es gibt keinen einzigen Fall, wo einer dieser Berufsschreiber auf Seite eins oder zwei einen politischen Kommentar hätte schreiben dürfen. Das ist das Privileg von immer denselben wenigen Personen. Die verjagen lieber die Leser mit ihrer abstoßenden Schlamperei. Diese unverständliche Haltung wird sofort verständlich, wenn man annimmt, daß der Zweck eurer Vereinigung nicht ist, an die Macht zu kommen, sondern daß die ostdeutsche Republik bei uns eine Außenstelle hat, mit 40 000 Mitarbeitern. Wenn unsere Regierung könnte, würde sie auch gerne ein kleines Außenparteichen nach drüben verpflanzen. Das ist verständlich. Es wäre ganz und gar unbegreiflich, hätte die Partei im Osten bei uns keine Außenorganisation aufgebaut. Niemand hat sie daran gehindert, soll sie sich selbst beschränken?«

»Jedes Mitglied ein Spion?«

»Nein, dafür eignen sich Regierungsparteien besser. Deine Genossen werben dafür, den anderen Staat und seine Verbündeten zu respektieren. Das würde sonst niemand hier tun. Das dient dem Frieden, um es in der

Parteisprache zu sagen. Es ist eine ehrenvolle Arbeit. Unglücklicherweise kann man damit keine Stimmen gewinnen. Dadurch kommt die Unaufrichtigkeit in die Argumentation; die Politik verkommt zum Elend der kleinen Schlauheiten. Das ist wie bei einem Jongleur, der kann mit seinem Unterleib noch so viel zappeln, aber der Teller oben, der steht. Wenn du von meiner These ausgehst, ist alles plötzlich einfach. Was einen vorher zum Wahnsinn getrieben hat, wird verständlich. Man braucht nicht hinreißende Redner und Journalisten, was der Laden braucht, ist ein Stamm gußeiserner Figuren, der aufpaßt, daß die Vertrauensleute der Zentrale nicht verdrängt werden durch Genossen, die beim Politikmachen den Teller überm Kopf weglegen wollen. Je begabter ein Redner oder Schreiber ist, um so weniger Möglichkeiten wird er bekommen, im Apparat etwas zu werden. Er könnte zu viele Anhänger kriegen und versuchen, die Ostwerbung zu reduzieren, um an die Macht zu kommen.

Dein Vorsitzender sagte während eines Parteitages vor der bürgerlichen Fernsehkamera das bekannte Wort vom Kamel, das eher durch ein Nadelöhr gehe, als daß die Partei ein Jota abweiche von der Freundschaft mit der Sowjetunion. Glaubst du, der sagt das, um Wähler zu gewinnen, in dieser Gegend Europas? So etwas sagt man nur, wenn man muß.«

»Willst du der Partei nicht zugestehen, daß sie das Gedächtnis der Arbeiterpartei ist?« fragte sie ruhig.

»Gerne. Mit Lücken. Museum wäre vielleicht exakter«, antwortete er über sein schlechtes Gewissen hinweg. »Ihr seid das beste und größte Museum der Welt. Man braucht Jahre, bis man durch ist. Wenn man herauskommt, ist man nicht mehr derselbe.«

»Bist du jetzt kein Linker mehr?«

»Ein Linker bin ich auch.«

»Ein monströser Niemand.«

»Du ahnst nicht, was für ein großes Kompliment du mir machst.«

Ein Lastwagen, der fast die ganze Straßenbreite einnimmt, macht ihn ungeduldig. Er setzt einige Male an zu überholen, sie haben es nicht eilig.

»Ich war selbst einer dieser moralischen Idioten, die keine größere Erfüllung kannten, als eine Menschenmenge besoffen zu reden; keine schönere Befriedigung als Macht. Für eine Gelegenheit, vor mehreren Tausend zu reden, hätte ich jede Frau verlassen, wenn es darauf angekommen wäre.

Wie glücklich waren wir, daß die Amerikaner Vietnam bombardierten. Wir konnten endlich an unsere eigene Anständigkeit glauben, wo wir sonst nichts Besonderes tun konnten. Die selbsternannten Führer haben sich manchmal fast verprügelt im Streit darum, wer vor der Fernsehkamera auftreten durfte. Das ist natürlich nicht das ganze Bild. Es wurde notwendige und seriöse Arbeit von vielen gemacht; es wurde viel Theorie verarbeitet. Es wurde noch mehr Zeit verwendet auf Intrigen und Machtkämpfe. Dieses Mitbringsel der sogenannten Studentenführer aus ihrem Elternmilieu hat die Bewegung zerbrochen. Wir waren keine Bösewichter, wir waren junge hungrige Wölfe, die das Blut der Macht geleckt hatten, ohne politische Erfahrung.«

»Ich finde es widerlich.«

»Was findest du widerlich?«

»Die Art, wie du über die Bewegung von damals redest; über die Leute, die sich von Polizisten haben zusammenschlagen lassen.«

Er dachte, es ist bald ausgestanden, eine halbe Stunde, dann bin ich sie los. Er brauchte sich nicht mehr einzuschränken aus Sorge, sie könnte sich ihm verweigern; ihre glatte Haut, ihr schöner Arsch existierten nicht mehr, waren schon in den Wolken. Es belebte ihn, daß sie ihn provozierte.

»Was soll diese Wehleidigkeit?«

»Du wirst alt, da wird man dann wohl so, überheblich und spießig. Vielleicht ist auch deine Leber nicht mehr so gut.«

»Hilfe haben sie geschrieen, als die Polizei sie in der Meinekestraße eingekesselt hat. Hilfe! Mit sechshundert erhobenen Armen haben sie die Berliner Rentner um Beistand angewinselt. Peinlich war das. Und das schneidet unsereinem den Kopf ab, wenn es an die Macht kommt, wie in der französischen Revolution.«

»Dir würden wir deinen korrupten Schwanz abhakken.« Ihr Gesicht nahm einen Ausdruck ostentativen Glücks an.

Er nahm Gas weg. Er befürchtete, die Zeit könnte nicht reichen, sie bis zur Verzweiflung in Wut zu bringen.

»Ich habe die Bullen immer beneidet, die den schicken Demo-Miezen die Ärsche zerklopfen durften.«

»Halt den Mund, es ekelt mich.«

»Wenn die bürgerliche Presse sie oft genug abgebildet hatte, ließen sie sich bald von etablierter Prominenz fikken. Ihr Sozialismus war ein Laufsteg in höher gelegene Betten.«

»Du verdienst, daß man dich anspuckt.«

Er fühlte sich gut.

»Wenn der Schwanz aus Gold ist, hört sich das Revolutionärsein auf.«

»Du bist ganz schön kaputt. Du sollst dich vielleicht doch einmal untersuchen lassen.«

»Mir ist es noch nie so gut gegangen. Wenn ich dich anschaue, geht es mir großartig. Ich würde mir eher deinetwegen Sorgen machen.«

»Wieso um mich?« fragte sie.

»Du mußt dich beeilen, bevor du in die Wechseljahre kommst, daß du auch noch einen vergoldeten Kapitalistenschwanz abkriegst.«

Er hätte schreien können vor Freude, daß ihm diese Beleidigung eingefallen war. Er wartete darauf, daß sie ihm ins Gesicht schlüge.

»Halt an.«

Ihr Haß erregte ihn fast. Frieden aus Eis erfüllte seine Brust.

Auf einem Grasstreifen neben der Fahrbahn reichte er ihr den Koffer. Sie deutete auf die Erde. Als er im Wagen saß, trat sie heran, beugte sich zur Scheibe. Er legte den Gang ein, trat auf die Kupplung und spielte mit dem Gaspedal. Sie spuckte gegen das Glas. Er lächelte ihr zu und fuhr.

Das Tor ist eingesetzt, die Zisterne dicht. Wenn Touristen an der Mauer entlanggehen, sieht der Maurermeister aus wie ein Philosophieprofessor, seine Gehilfen gleichen Sportstudenten. Die Torflügel stehen auf Holzbrettchen, noch ist die Betonmischung zu weich, in der die Angeln stecken. Auch in den Boden müssen Eisenteile mit Zement eingebacken werden: die Widerlager, zwei kleine längliche Eisenklötzchen mit trichterförmig eingefräster Vertiefung, in der die Flügel aufsitzen und sich drehen; ein Mittelstück, in das sich der untere Riegel senkt. Der Meister bindet die Stücke mit feinem Draht an die Unterseite des Tors und füllt die Höhlungen, in die sie hineinhängen, mit der Mischung. Er betrachtet die Arbeit des Handwerkers mit Entzücken. Wie bekommt der Mann, hatte er sich gefragt, die Gegenstücke so genau in den Boden, daß die Eisenflügel genau aufsitzen und nicht klemmen. Die Lösung hatte ihn überrascht und tat ihm gut. So muß man es machen im Leben. Die Hände des Gestalters sagen ihm, Präzision flieht Schweiß.

Der Gelehrte erklärt ihm: »Wir brauchen zur Fertigstellung des Bauwerkes Ihre Mitwirkung«, und zeigt ihm die Enden der Drähte. »Würden Sie freundlicherweise diese Drähtchen morgen aufbiegen und abzwicken? Wie ein Chirurg nach einer Operation die Fäden zieht. Frühestens nach vierundzwanzig Stunden. So lange darf das Portal nicht bewegt werden.« Noch lange ging ihm der Ausdruck »Mitwirkung« durch den Kopf. »Participación«. Er würde letzte Hand anlegen, den allerletzten Griff tun. Er bemühte ein bißchen Ironie, damit die Situation keinen Stich ins Feierliche bekomme, die Feierlichkeit des Abschieds nicht verunreinigt werde durch den Eindruck, er könne die winzige Gefälligkeit überbewerten.

Die Männer steigen über das steinerne Hindernis. Dem letzten reicht er die Tasche hinüber.

Statt die Blattspitzen zwischen den Geranien herauszuzupfen, gräbt er sie mit der Wurzel heraus. Er nimmt dazu eine Eßgabel. Er lockert die Erde, bis er in ihr rühren kann wie in einem Sack Linsen. Er hebt die Pflanze am Halm mit den Fingerspitzen in die Höhe, ohne daß sie reißt. Die Wurzel besteht aus einer kleinen hellbraunen Zwiebel mit Zwirnenden. Er läßt sie von der Hand baumeln und über die Brüstung fliegen. Die Geranien sind ihm eine Schule, billig und streng. Etwas tun, ohne einen Grund darin zu sehen, ist wohl die Lösung.

Über all dem geht der September zu Ende.

Er betrachtet die Mauer, steigert sich ein wenig in kindliche Fassungslosigkeit. Das war vor wenigen Wochen Landschaft, jetzt ist es Anwesen. Ab und an nähert er sich der langen Wand und berührt den rauhen feuchtdunklen Splitputz mit der Hand. Es ist ihm lieber, von der Sala den Überblick über sie zu behalten. Was werden die Fremden jetzt tun? Wird es zum Krieg kommen mit ihnen? Werden sie vor dem neuen Eigentum zurückweichen? Es ist viel Mauer fürs Auge, Hunderte von Metern alles in allem. Er wird die Eisenfäden unterm Tor nicht ziehen.

Die weißen Zelte am Schloß sind eingeholt, die Gerüste stehen wie geometrische Zeichenübungen. Das Meer entscheidet und der Himmel, jetzt ist Schluß mit dem Tourismus-Hallodritum. Das Meer ist dunkel, bleigrau; hell, fast weißgrau der Horizont. Über seinem Kopf fliegt der Himmel in schwarzen Zotten nach Süden. In Stunden ist der Sommer dahin. Geräusche stehen auf, die es seit dem Frühjahr nicht mehr gegeben hat. Es ist – vom Morgen zum Nachmittag – lächerlich geworden, Bastmatten auf den Strand zu legen, der Platz hat keinen Wert mehr. Die Pinien pfeifen im Wind. Der Regen überrascht ihn auf dem Weg ins Dorf, kurz hinter Guillermos Imbißstand, am Strand des Demutslehrganges. Es ist der erste Regen seit

Monaten. Er sieht den schwarzgrauen Himmel heranjagen, über das helle Schloß hinweg, denkt, das riskiere ich, geht weiter, verläßt den Schutz der Bäume. An der Anlegestelle des Mahagonifüllhalters der Milliardärsfamilie bekommt er von herniederprasselnden Tropfen einen Verweis, der seine Zutraulichkeit zum Sommer beendet.

Der Wind ruft in den Pinienkronen, jetzt reicht es. Jawohl, schreit er in die Luft. Es ist jetzt das große Wort der Jahreszeit, das Partei ergreift für ihn.

Er will sich einen Kognak einschenken. Er dreht sich um zum Kamin, sieht die Flasche dort nicht, dreht sich zum Schrank, wie im Tanz, ihm ist fast schwindlig. Von der Terrasse kommt ein Geräusch, als klatschte eine Gruppe von Freunden ihm Beifall. Ab und an tönt das Meer herauf: jemand wirft eine Schaufel Reis gegen eine Steinwand.

Jetzt kommt die Zeit des Kaminfeuers. Von einer Stunde zur anderen ist ihm das Hemd, in dem er schwitzte, zu wenig. Er zieht sich gegen den kühlen Luftzug aus dem Norden einen Pullover an. Es regnet die ganze Nacht, der Regen steigert sich, wie sich ein Kind in das Heulen hineinsteigert. Bis in den Morgen applaudiert die Terrasse. Er ist eingeschlossen, niemand wird ihn besuchen. Die Zisterne unter der Küche spricht wieder, sie erzählt und erzählt.

In den Böen schwanken die Pinienkronen vor den Fenstern auf und nieder, das Haus bahnt sich einen Weg durch grüne See.

Kleine Geschenke erhalten die Freundschaft

***Oh*, bin ich glücklich!**
Das geheime Buch für Verliebte (5721)

***Oh* danke, ich mach das schon selbst!**
Das Buch für starke Frauen (5722)

***Oh*, Mann!**
Kleine Stärkung für Adams neuen Mut zum Schwachwerden (5723)

***Oh*, das kriegen wir schon hin!**
Von Lebenskünstlern und unerschütterlichen Optimisten (5724)

***Oh*, die Katz ist weg!**
Über das aufregende Leben mit eigensinnigen Samtpfoten (5725)

***Oh*, schon Mittag?**
Aufgeweckte Geschichten für Langschläfer und Morgenmuffel (5726)

***Oh* nein, schon wieder Rot!**
Unentbehrliche Begleitlektüre für leidenschaftliche Autofahrer (5727)

***Oh*, ist das komisch!**
Geschichten und Späße für fröhliche Leute (5728)

***Oh*, das tut gut!**
Geschichten für Genießer (5729)

***Oh*, Tor!**
Doppelpässe und Abseitsgeschichten für Fußballer und Fans (5730)

Herausgegeben von Meike Wolff.
Jeder Band DM 5,–

rororo

C 2179/1